Un GRAND Week-end

AMSTERDAM

Rijksmuseum

AMSTERDAM

Des canaux, des vélos, une succession de belles maisons de brique, étroites et bien rangées : Amsterdam est identifiable en un cliché ! Accessible en un peu plus de 3h de train depuis Paris ou en 1h d'avion depuis la plupart des aéroports français, la capitale néerlandaise est cosmopolite, accueillante et chaleureuse. De taille humaine, elle peut facilement être parcourue à pied ou à vélo pour se rendre dans les innombrables musées et joyaux qu'elle abrite. Envie de sortir des sentiers battus ? Les quartiers périphériques vous feront découvrir un autre visage d'Amsterdam, plus vert ou plus maritime, à la fois moderne et innovant. Expos, expériences uniques, visites des incontournables... Le guide *Un Grand Week-end* vous ouvre toutes les portes de la ville.

Keizersgracht

Singel, l'un des quatre grands canaux

À SAVOIR

Prinsengracht et Westerkerk

VISITER AMSTERDAM

Nous avons découpé la ville en **17 petits quartiers** que vous pouvez visiter à pied. Même si les quartiers nord d'Amsterdam se développent de plus en plus, la ville n'est pas très étendue et les bons marcheurs pourront la plupart du temps se passer de transports en commun.

SE DÉPLACER

Pour accéder à des zones plus éloignées ou pour limiter les distances de marche, le moyen de transport le plus simple reste le tramway. Pour les plus courageux, nous vous proposons de louer un vélo afin de parcourir la ville. Vous pouvez également visiter en vous installant tranquillement sur un bateau ou en louant un *pedal boat*. Voir p. 190.

LIRE LES CARTES

Chaque visite est accompagnée d'un plan détaillé sur lequel nous avons placé tous les **points d'intérêt** du quartier. Les **pastilles de couleur** indiquent nos bonnes adresses de **restos**, de **bars** et de **boutiques.** Le numéro de la pastille colorée correspond à celui attribué à chacune des adresses. Reportez-vous au chapitre concerné pour lire la notice de l'établissement.

OSER LE VÉLO

Le vélo est roi dans les rues d'Amsterdam. Une aubaine pour les adeptes du deux-roues qui découvriront la ville de la plus belle des manières. Pour les cyclistes très occasionnels, la détermination des locaux sur les pistes cyclables peut être déroutante, surtout quand on ne maîtrise pas le plan de la ville. N'hésitez pas à participer à une **visite guidée** (voir p. 196) pour prendre de l'assurance, avant de vous lancer seul.

De Waag

NOS CONSEILS POUR LA VISITE DES MUSÉES

Pour éviter les longues files d'attente dans les musées, privilégiez l'achat de tickets sur Internet : vous gagnerez déjà du temps, même si l'établissement ne propose pas de billet coupe-file. C'est par exemple le cas du Rijksmuseum. Le Musée maritime, en revanche, vous permet d'acheter des billets coupe-file sur son site. Attention : pour le Van Gogh Museum et la maison d'Anne Frank, les billets sont en vente exclusivement sur leur site Internet. Pensez d'ailleurs à les réserver à l'avance car un nombre limité de billets est disponible pour chaque plage horaire. Autre astuce : surveillez les nocturnes de certains musées (Van Gogh Museum, Stedelijk, FOAM ou maison d'Anne Frank), car les Hollandais mangent tôt et les touristes ne sont pas toujours au fait de ces horaires particuliers ; les galeries se vident alors en soirée.

1 Le Béguinage, CULTURE ET HISTOIRE

● Restos & bistrots p. 113 ● Bars, clubs & sorties p. 139 ● Boutiques p. 161

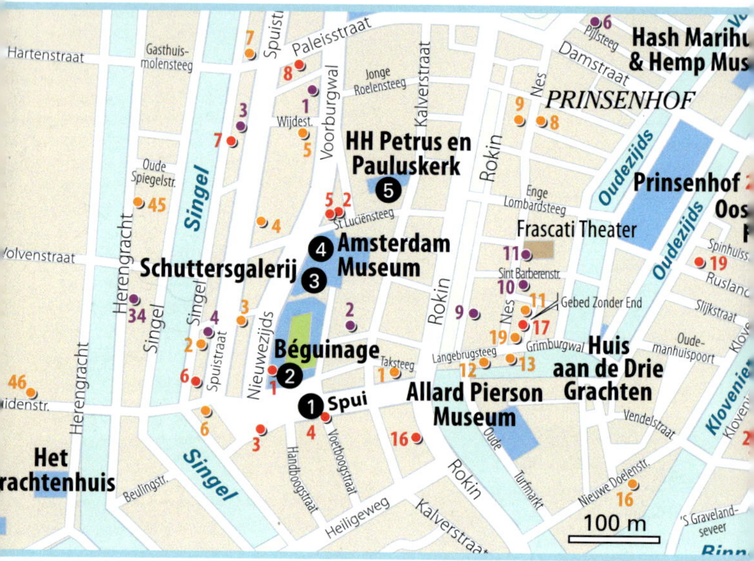

Le café brun le plus réputé, des adresses branchées, une bonne librairie : les alentours du Béguinage forment un îlot de tranquillité. L'élégante place triangulaire du Spui présente un concentré de la culture et de l'histoire d'Amsterdam. Et ça tombe bien : c'est ici, également, que se trouve l'Amsterdam Museum, idéal pour comprendre l'évolution historique et géographique de la ville.

❶ SPUI★★

Ancien fief des *provos* (voir p. 52), qui faisaient des rondes endiablées autour de la statue de *Lieverdje*, sorte de gavroche amstellodamois symbolisant leur esprit frondeur, le Spui a été restauré pour devenir LA place culturelle d'Amsterdam. S'y tiennent le vendredi un marché aux livres anciens et le dimanche (mars-déc.) un marché d'art contemporain.

❷ BÉGUINAGE***

Begijnhof

Un petit passage voûté donne accès à ce charmant jardin encadré de maisons des XVIIe et XVIIIe s. où logeaient les béguines, des femmes célibataires et pieuses. Les maisons de cette cour sont à présent habitées par des dames âgées ou des étudiantes aux revenus modestes. Au milieu de la pelouse, l'église médiévale. Et au n° 34, la plus ancienne maison de la ville. Construite en bois, elle date de 1477.

Entrée sur le Spui signalée par un blason sculpté (2e entrée par la Schuttersgalerij) • T.l.j. 9h-17h • Accès libre.

❸ SCHUTTERSGALERIJ*

Galerie des Gardes civiques

Ouvert en 1975, ce passage couvert qui relie le Béguinage à l'Amsterdam Museum expose d'immenses portraits des gardes civiques, autrefois chargés d'assurer la défense de l'un des onze quartiers de la ville. Ces œuvres ont été rejointes par des portraits plus contemporains comme ceux des principaux chorégraphes néerlandais, signés Erwin Olaf, ou des joueurs de l'Ajax Amsterdam. Quand le passé et le présent font bon ménage...

T.l.j. 10h-17h • Accès libre.

Pause conviviale au Café Hoppe

C'est une institution, qui se décline en deux ambiances. Pour l'authenticité, choisissez l'entrée de droite : avec son décor lambrissé, le café brun est fréquenté depuis 1670. À gauche, l'approche est plus moderne, mais la plupart du temps, c'est plein à craquer ; tout le monde se retrouve sur la place pour une bière (2,80 €) ou un genièvre Young Hoppe (3 €). Possibilité de restauration légère (sandwichs dès 6,50 €).

● 6 • Spui, 18-20 • ☎ 420 44 20 • T.l.j. 8h-1h (2h ven.-sam.) • Café brun à partir de 12h.

Amsterdam Museum

❹ AMSTERDAM MUSEUM★★★

Musée historique d'Amsterdam

Ce musée historique raconte les grandes étapes de l'évolution de la cité, depuis la création des premiers pilotis jusqu'à la consécration de cette « capitale des libertés » à la fin du XXe s. Peintures et sculptures, maquettes, extraits de films et bornes audio offrent un parcours interactif et ludique d'une grande richesse. Le musée est installé depuis 1975 dans un couvent du XVe s., transformé en orphelinat en 1581.

En accès libre

Au niveau du café Mokum, installé dans l'agréable cour intérieure du musée qui fut autrefois une étable, une galerie abrite une exposition gratuite. Elle retrace la vie des orphelins en présentant, dans de petits casiers transformés en vitrines, des objets d'époque, des photos et des récits.

La salle des Régents

C'est dans cette pièce dallée en damier que se réunissaient les six régents de l'orphelinat, tous issus de familles aisées. Vous y découvrirez un portrait de groupe, qui fut réalisé lors de l'inauguration du nouveau bureau en 1634, les armoiries des régents et des peintures du Siècle d'or.

Les XIVe et XVe s.

Le modeste village de pêcheurs situé au bord de l'Amstel se transforme dès le XIVe s. en port commercial. À partir de 1345, la cité accueille des milliers de pèlerins grâce à un miracle survenu dans une maison du centre d'Amsterdam : une hostie jetée dans le feu est retrouvée intacte. C'est ce que vous découvrirez dans la toile de Jacob Cornelisz van Oostsanen intitulée *Le Miracle d'Amsterdam*. La peinture sur bois de Cornelis Anthonisz, elle, dévoile en détail la cité médiévale en perspective cavalière.

Le Siècle d'or

Amsterdam doit son développement à son activité maritime au XVIIe s. Expéditions et voyages d'exploration sont ainsi abordés. Ne pas manquer *La Leçon d'anatomie du docteur Jan Deijman* (1656), signée Rembrandt (voir aussi p. 30).

Le XXe s.

La nouvelle partie du musée évoque notamment l'histoire moderne et contemporaine de la cité, comme la Seconde Guerre mondiale et la déportation de 75 % des Juifs. Enfin, une place importante est faite à la ville d'Amsterdam en tant que « capitale des libertés ». Films courts, photos et extraits audio dans toutes les langues abordent notamment les révoltes contemporaines, comme le mouvement *Provo* (voir p. 52), les mariages gays et lesbiens, la prostitution, ainsi que l'approche « pragmatique » des drogues douces.

Kalverstraat, 92 • Sint Luciënsteeg, 27 • ☎ 523 18 22 • www.amsterdammuseum.nl • T.l.j. 10h-17h (16h j.f.) ; f. 27 avr. et 25 déc. • Entrée : 12,50 €.

❺ HH PETRUS EN PAULUSKERK (PAPEGAAI)★★

Église du Perroquet

Une étonnante façade ouvragée se dégage de la Kalverstraat, rue piétonne dévolue au dieu Shopping et aux enseignes internationales. Cette église néogothique fut autrefois clandestine, quand la pratique du culte catholique était proscrite dans la ville. Le lieu fut surnommé « Papegaai » (le perroquet) à cause d'une statue en bois représentant le volatile, que l'on peut encore admirer à gauche de l'entrée.

Kalverstraat, 58 • www.nicolaas-parochie.nl • Lun.-sam. 10h-16h, dim. 10h-14h.

Église du Perroquet

Le Siècle d'or

Au XVIIe siècle, liberté de pensée et commerce sont les deux moteurs qui permettent à Amsterdam de devenir l'une des capitales les plus florissantes d'Europe. La ville accueille les proscrits de tout bord et double sa superficie en l'espace de dix ans, tandis que, sous la bannière de la prestigieuse Compagnie des Indes, des bourgeois entreprenants disputent aux Portugais le monopole du commerce des épices.

LE CREDO CALVINISTE

« Prenons le gain qui nous viendra comme de la main de Dieu. » Avec un tel enseignement, Jean Calvin ne pouvait que séduire les marchands amstellodamois qui rejetaient définitivement la tutelle catholique espagnole et accueillaient de nombreux réfugiés en leur garantissant liberté de conscience, liberté de religion et liberté économique.

LIBÉRALISME ÉCONOMIQUE ET RELIGIEUX

L'énorme apport de capitaux étrangers permit de financer des expéditions maritimes, mais aussi de développer l'industrie locale : brasserie, fabrication de soie, taille des diamants, imprimerie, cartographie, construction navale. « En cette grande ville où je suis, n'y ayant aucun homme, excepté moi, qui n'exerce la marchandise, chacun y est tellement attentif à son profit, que j'y pourrais demeurer toute ma vie sans être jamais vu de personne. » René Descartes, 1631.

Rembrandt par le petit bout de la lorgnette

Rembrandt van Rijn s'appelait en réalité Rembrandt Harmenszoon, c'est-à-dire : Rembrandt fils d'Harmen. Veuf en 1642, il prend pour maîtresse Geertje Dircks, la nourrice de son fils, Titus. Mais celle-ci le quitte en 1649 et poursuit le peintre en justice pour n'avoir pas tenu sa promesse de mariage. L'artiste engage alors une jeune servante, Hendrickje Stoffels, qui devient sa compagne. Mais cette conduite est jugée scandaleuse car Rembrandt, au faîte de sa notoriété, est considéré comme un personnage public. L'Église réformée lui adresse un blâme et une réprimande. L'opinion, très puritaine, se détourne du peintre, qui meurt dans la disgrâce.

UNE VILLE SANS PALAIS

Jean Calvin

Le bourgeois calviniste ne s'enrichit que dans le dessein de thésauriser. Pas de luxe ostentatoire, pas de palais et donc pas d'architecture digne de ce Siècle d'or : seuls quelques bandes décoratives et des masques grotesques viennent égayer la modeste façade en brique surmontée d'un pignon. Et puisque l'impôt est déterminé par le *kavel*, parcelle constructible de 7,35 m de façade sur 60 m de profondeur, peu nombreux sont ceux qui se risquent à doubler ou tripler la parcelle.

L'URBANISME AVANT LA LETTRE

Afin d'abriter une population qui a triplé en l'espace de quarante ans, on décide de l'élargissement de la ville en creusant trois nouveaux canaux, le Herengracht, le Keizersgracht et le Prinsengracht, enserrant le port et les vieux quartiers. C'est ici que se trouve la **Courbe d'or** (Gouden Bocht, voir p. 38), un triangle formé par la courbe de l'Herengracht, où l'on construit les plus majestueuses bâtisses du Siècle d'or. On est en 1662 et ces canaux seront le lieu idéal pour accueillir les plus belles maisons. Au bord de l'un d'eux, dans une vénérable bâtisse édifiée par Philips Vingboons au Siècle d'or, l'intéressant **musée des Canaux** (Het Grachtenhuis, voir p. 73) retrace cette histoire à grand renfort de maquettes, projections et plans. Dans une salle, on découvre ce que serait Amsterdam sans eau ! Bâtie d'un seul jet, la ville doit son harmonie au dirigisme du conseil municipal, qui impose le matériau de construction et les dimensions des maisons, et regroupe les habitants selon leur statut social, leur fonction ou leur origine.

NAISSANCE D'UN ART BOURGEOIS

Délivrée de la tutelle religieuse, la peinture se diversifie dans des genres qui dévoilent les **préoccupations matérielles de bourgeois mécènes.** Les commandes de portraits isolés ou en groupe affluent dans les ateliers de peintres réputés comme ceux de Rembrandt et Frans Hals. La représentation de paysages ou d'intérieurs dépouillés d'églises connaît un succès inégalé ailleurs. Mais dans ces reproductions très réalistes veille la morale protestante : les scènes de taverne dépeignent les excès d'alcool et de tabac, tandis que les fleurs flétries des natures mortes rappellent la vanité des biens terrestres.

2 Le Dam, CŒUR ROYAL

● Restos & bistrots p. 114 ● Bars, clubs & sorties p. 140 ● Boutiques p. 163

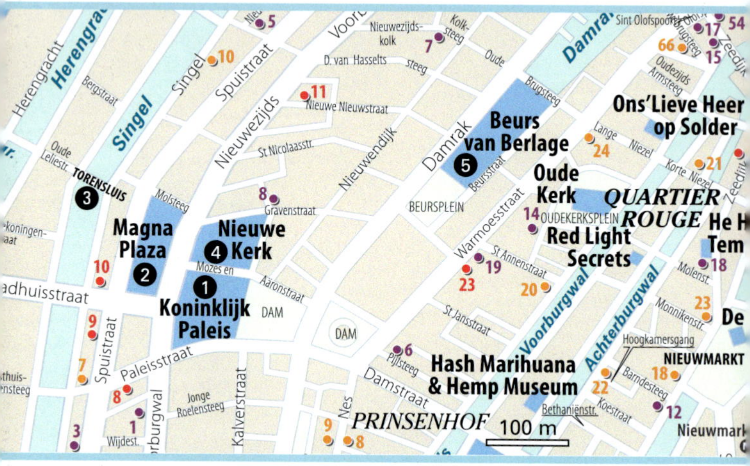

C'est ici que bat le cœur de la ville : une animation permanente, des bars et des restos branchés autour du Palais royal (Koninklijk paleis). L'ancien quartier général des *provos* (les anarchistes et contestataires, voir p. 52) vit actuellement une mue autour de son emblématique Dam, cet obélisque de béton élevé en hommage aux Hollandais morts pour la patrie.

❶ KONINKLIJK PALEIS*

Palais royal

Avant de devenir la résidence royale de Louis Bonaparte, ce bâtiment austère fut l'hôtel de ville dessiné par le fameux architecte du Siècle d'or, Jacob Van Campen. Les sculptures ornant les façades sont signées de l'artiste flamand Artus Quellinus. La plus remarquable, *Atlas portant la voûte céleste*, couronne le fronton ouest. Le roi n'y vient que pour les réceptions officielles.

Dam • ☎ 522 61 61 • www.paleisamsterdam.nl • T.l.j. 10h-17h (f. certains jours, lorsque le palais est utilisé pour des réceptions officielles) • Entrée : 10 €.

❷ MAGNA PLAZA*

Cette prétentieuse construction en brique et pierres blanches néogothique valut à son architecte, Cornelis Peters, bien des sarcasmes en 1899. Ancienne poste centrale, elle a été transformée en un élégant centre commercial. La cage d'escalier mérite au moins un coup d'œil.
Nieuwezijds Voorburgwal, 182 • www.magnaplaza.nl • Lun. 11h-19h, mar.-sam. 10h-19h (21h jeu.), dim. et j.f. 12h-19h.

❸ TORENSLUIS*

Ce pont est tellement large qu'il a des allures de place. Les cafés des alentours tirent d'ailleurs agréablement parti des 42 m de largeur qu'affiche l'édifice. Une tour de prison se dressa jusqu'en 1829, à cet emplacement, et quelques cellules demeurent dans la structure du pont. La statue que vous pouvez admirer en enjambant le Singel est dédiée à Eduard Douwes Dekker, alias Multatuli, un écrivain local ayant influé sur le courant anticolonialiste.
Singel, 165A.

❹ NIEUWE KERK***

Nouvelle église

De style gothique flamboyant mais maintes fois remaniée au cours des siècles, cette église sert actuellement de cadre à des expositions ou à des

Torensluis

concerts. Dans cet intérieur calviniste très dépouillé sont mis en valeur les vitraux colorés, les lustres en bronze, la chaire en acajou (1664) et la superbe grille du chœur. Conformément à la tradition, tous les rois et reines des Pays-Bas y sont couronnés. En juillet et en août sont organisés tous les jours, de 12h à 12h30 (sauf le mardi, à 16h), des concerts d'orgue dans le cadre grandiose de cette église. C'est l'occasion d'écouter Bach, Purcell, Buxtehude...

Les vitraux

Avec plus de 75 fenêtres, il n'est pas étonnant que la Nieuwe Kerk soit réputée pour ses vitraux émaillés. Le plus ancien se trouve dans le transept nord. Dessiné en 1650 par Jan Gerritsz Van Bronckhorst, il représente le comte de Hollande Guillaume IV.

La chaire de Vérité

Elle a été réalisée dans de l'acajou par Albert Vinckenbrinck en 1664. Ses sculptures représentent la miséricorde, les vertus cardinales et les évangélistes. C'est le résultat de quinze années de travail. À voir absolument !

L'orgue

L'orgue qu'a conçu Jacob Van Campen en 1645 est rehaussé de ravissantes sculptures en bois d'Artus Quellinus (le

Nieuwe Kerk

sculpteur du Palais royal) et de peintures de Jan Gerritsz Van Bronckhorst représentant des scènes de la vie de David.

Les monuments funéraires

C'est dans la Nieuwe Kerk que reposent les grandes figures de l'histoire des Pays-Bas, et notamment les marins du Siècle d'or comme Michiel De Ruyter (1607-1676), amiral hollandais mort en combattant les Français à la bataille de Messine. Vous pourrez remarquer également le tombeau de Joost Van den Vondel (1587-1679), le plus grand poète néerlandais.

Dam • ☎ 626 81 68 • www.nieuwekerk.nl • Ouv. pendant les expositions temporaires, f. 1er janv. et 25 déc. • T.l.j. 10h-18h • Entrée : 9-15 € (selon les expos).

❺ BEURS VAN BERLAGE**

Bourse de Berlage

L'ancienne Bourse est l'œuvre de H. P. Berlage (voir p. 36), l'un des plus célèbres architectes néerlandais du début du XXe s. Avec ces 141 m de briques rouges, l'architecte réussit à représenter, selon l'angle de vue, à la fois la culture, l'histoire et l'économie du pays. D'un côté, elle semble arborer une tour florentine, de l'autre, la façade rappelle une usine surmontée d'une cheminée, et d'en face, c'est un château monumental… Surprenante architecture qui fit sensation à l'époque, et dans laquelle se jouent parfois de somptueux concerts philharmoniques. Des expositions sont également organisées très régulièrement, n'hésitez pas à pénétrer dans le hall pour consulter le programme.

Beursplein, 1 • ☎ 530 41 41 • www.beursvanberlage.nl

Pause genièvre chez De Drie Fleschjes

Le plus beau *proeflokaal* (maison de dégustation spécialisée dans la genièvre) de la ville a été fondé par la distillerie Bootz en 1650. Journalistes et agents de change s'y retrouvent, la journée finie, pour boire quelques *borrels* de genièvre (2,80-6 €) après avoir accroché leur veste aux robinets des tonneaux. Vous pourrez y voir une collection unique de portraits des maires d'Amsterdam peints sur de petites bouteilles !

● 8 • Gravenstraat, 18 • ☎ 624 84 43 • www.dedriefleschjes.nl • Lun.-sam. 14h-20h30, dim. 15h-19h.

Vers le modernisme

Se démarquant de l'exubérance florale de l'Art nouveau qui fait fureur en France et en Belgique, la Hollande se tourne vers une forme plus rationnelle de l'architecture, tout en mettant à l'honneur les nouvelles techniques industrielles. Introduire l'art dans la vie quotidienne par le biais de meubles et d'objets est devenu, à Amsterdam comme ailleurs, une priorité. C'est le début du design.

LE NOUVEAU CREDO ESTHÉTIQUE

L'exposition « Arts and Crafts » à Londres en 1880 fut le départ d'une nouvelle esthétique qui eut une répercussion importante en Hollande, pays de culture germanique sans doute plus sensible à une certaine rigueur. Le **culte de la ligne pure** et le **géométrisme** sont les vecteurs d'un art qui s'oriente peu à peu vers le fonctionnalisme.

LE FONCTIONNALISME

H. P. Berlage fait figure d'avant-gardiste en exploitant de manière fonctionnelle les qualités de matériaux anciens et nouveaux. Dans la monumentale **Bourse d'Amsterdam** (1898-1903 ; voir p. 35), il réussit à mettre en œuvre avec sobriété une structure absolument nue de verre et d'acier, reposant sur une construction en brique et en pierre.

L'ÉCOLE D'AMSTERDAM

Pour la nouvelle classe laborieuse, la municipalité socialiste prévoit la construction de logements bon marché dans le sud d'Amsterdam. Rationalisme et progressisme sont les mots d'ordre. Pourtant, l'ensemble du **Dageraad** (voir p. 88), conçu de 1921 à 1923 par Michel de Klerk et Piet Kramer, relève plutôt du fantastique. Ondulations, élancements verticaux, jeux de couleurs évoquent de manière assez ludique les idées du mouvement expressionniste. C'est le cas du bâtiment construit entre 1911 et 1923 qui abrite aujourd'hui le musée d'Architecture, le **Museum Het Schip** (voir p. 67).

LE MOUVEMENT *DE STIJL*

Fondé à Leyde en 1917 par Theo Van Doesburg, le mouvement *De Stijl*, dont **Piet Mondrian** est le meilleur représentant, se développe sur les bases du néoplasticisme. Cette théorie picturale est caractérisée par l'emploi rigoureux de **moyens d'expression simples :** lignes horizontales et verticales avec des aplats de couleurs primaires parfois accompagnés de noir et de blanc purs ou mélangés.

Museum Het Schip

UN PIONNIER DE L'ART ABSTRAIT

Influencé par Toorop et Seurat à ses débuts, **Mondrian** est considéré comme **l'un des pionniers de l'abstraction.** Il a profondément marqué toute la peinture occidentale contemporaine tant par ses tableaux *(Composition en rouge, jaune et bleu; Victory Boogie-Woogie...)* que par ses écrits *(Manifeste de De Stijl, Réalité naturelle et réalité abstraite...).*

MODERNISME ET VIE QUOTIDIENNE

Gerrit Rietveld (1888-1964), en donnant aux formes de ses créations une **orthogonalité rigoureuse,** affirme son appartenance au mouvement *De Stijl*. La célèbre chaise *Rouge et bleu,* dessinée en 1919, marque l'avènement de meubles simples qui se prêtent à la fabrication en série. Son travail ira vers des formes de plus en plus épurées, dont lui sont redevables de nombreux designers actuels.

L'ART DÉCO

La production très composite de la première moitié du XXe s. est regroupée sous cette vaste appellation, née lors de l'Exposition internationale de Paris en 1925. **Retour aux styles du passé,** formes massives, couleurs contrastées, décors géométriques, emploi d'acier et de verre caractérisent les meubles et les objets produits à partir de 1915. L'usage de matériaux rares (laque, peau, ivoire) en fait un style luxueux à production limitée, comme le **guéridon cubiste** de Rietveld ou un confortable fauteuil *Vanity Fair.*

Robert Dusarduijn

Ancien décorateur de théâtre, Robert Dusarduijn s'est spécialisé depuis 1972 dans l'objet et le meuble Art déco. Sa collection des velours de l'école d'Amsterdam est très réputée.

Molsteeg, 5-7 (Plan G7) • ☎ 623 21 89 • www.robert-dusarduijn.nl • Ven. 12h30-19h, sam. 11h30-17h30 ou sur r.-v.

3 Rokin et Gouden Bocht, PROMENADE CHIC

● Restos & bistrots p. 115 ● Bars, clubs & sorties p. 140 ● Boutiques p. 164

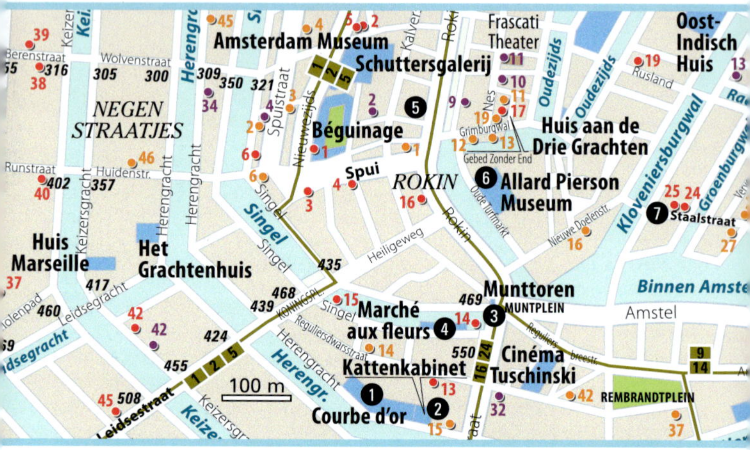

Autrefois, le Rokin était la promenade préférée des bourgeois. Le long du bassin intérieur, les promeneurs flânaient dans un cadre idyllique en longeant les grandes banques, les meilleurs diamantaires, les antiquaires les plus réputés ou la maison Hajenius, fabricant de cigares depuis 1826. Elle reste encore une belle artère, où l'on prend plaisir à flâner entre les vastes demeures patriciennes après s'être offert un bain de foule pour rapporter quelques bulbes du marché aux fleurs.

❶ COURBE D'OR★★

Gouden Bocht

Là où l'Herengracht s'incurve, entre la Leidsestraat et la Vijzelstraat, s'élève le plus majestueux ensemble architectural ancien d'Amsterdam. Avec ses façades de grès, il représente un beau témoignage de l'opulence du Siècle d'or. Aux XVIIe et XVIIIe s., plusieurs hommes politiques, marchands et armateurs, désireux d'afficher leur richesse, firent construire des hôtels particuliers sur cette parcelle de la ville.

À l'arrogante taille des propriétés s'ajouta le choix d'un matériau de luxe : le grès. Importée, la roche coûtait beaucoup plus cher que la traditionnelle brique. Nul passant ne pouvait ignorer la réussite des propriétaires des demeures.

Tour du propriétaire

Soyez particulièrement attentif au n° 475. Deux représentations féminines gardent l'entrée de la façade de style Louis XIV. Riche en volutes, elle est souvent considérée comme la plus belle de l'ensemble. Le n° 476 rompt quant à lui avec ses voisins et utilise la brique pour mieux l'agrémenter de pilastres corinthiens. La plupart de ces maisons patriciennes ont été transformées en bureaux. Seuls le Kattenkabinet (voir ci-contre) et, dans une certaine mesure, le Goethe-Institut (n° 470) sont ouverts au public.

Joyaux de canaux

Si cette portion est, à juste titre, régulièrement mise en avant pour ses qualités esthétiques, elle n'est pas la seule à mériter le détour. De modestes ponts recouverts de vélos, des façades parfois austères et massives ou parfois délicatement sculptées, offrent une harmonie délicieuse autour de la centaine de kilomètres de canaux que dénombre Amsterdam. Construits aux XVIe et XVIIe s., les Herengracht, Keizergracht et Prinsengracht sont d'ailleurs inscrits au Patrimoine mondial de l'humanité par l'Unesco.

Herengracht, 507, 495, 475, 476 et 478.

❷ KATTENKABINET*

Musée des Chats

Ce musée attirera aussi bien les amateurs de félins que les visiteurs curieux de découvrir l'intérieur d'une vieille demeure du Siècle d'or. Surprenant musée des Chats, qui se retrouvent partout sur les murs, en statues ou même en chair et en os, lovés sur un coussin. À l'arrière, un jardin ensoleillé à l'écart de la foule, entouré de vieilles affiches publicitaires félines, offre un cadre idéal pour se délasser un moment.

Herengracht, 497 • ☎ 626 90 40 • www.kattenkabinet.nl • Lun.-ven. 10h-17h, sam.-dim. 12h-17h ; f. 1er janv., 27 avr. et 25 déc. • Entrée : 7 €.

❸ MUNTPLEIN*

La place de Muntplein est en réalité un immense pont qui enjambe le canal de Singel à l'endroit où il rejoint l'Amstel. Depuis 1490 s'y dresse **Munttoren** (tour de la Monnaie), refaite par Hendrick de Keyser en 1620 après un incendie. L'édifice baroque au clocher de bois, qui abrita la Monnaie, loge un carillon sonnant tous les quarts d'heure. Une petite boutique d'authentiques faïences de Delft et de Makkum (voir p. 184-185), récentes ou anciennes, a pris place au rez-de-chaussée de la tour.

Muntplein, 12.

❹ MARCHÉ AUX FLEURS★★

Bloemenmarkt

De tous les marchés à thème de la ville, celui-ci est probablement le plus couru et le plus singulier. Installé sur le Singel, entre Muntplein et Koningsplein, il est spécialisé dans les fleurs depuis plus d'un siècle et demi. Ce qui distingue au premier regard le plus ancien marché de la ville, c'est l'explosion de couleurs. Avec une débauche de plantes, fleurs fraîches et paquets aux étiquettes bigarrées contenant bulbes ou graines, le marché aux fleurs illumine le Singel. Mais ce qui en fait un lieu quasiment unique au monde, c'est que ce marché est installé sur l'eau. Les quinze échoppes sont posées sur des barges, amarrées en rang serré. Une particularité qui rappelle l'époque où les végétaux arrivaient depuis l'extérieur de la ville, via le canal.

Une longue histoire

À la fin du XIVe s., le botaniste Charles de L'Écluse rapporta des bulbes de tulipes de l'Empire ottoman. Les Amstellodamois furent conquis par ces fleurs et prirent l'habitude d'en acheter pour décorer leur demeure. C'est à partir de 1862 qu'un marché régulier a lieu. Alors nommé « Bomen en Plantenmarkt » (marché aux fleurs et aux plantes), il se tenait au Sint-Luciënwal, sur le Damrak. Il déménagea à son emplacement

Marché aux fleurs

actuel en 1883. Il fallut attendre les années 1960 pour voir apparaître des fleurs coupées.

Shopping coloré

Pour satisfaire aux goûts des touristes, ce sont désormais les bulbes qui règnent sur le marché (aux côtés des souvenirs *made in China* en tout genre). Tulipes noires, mouchetées, doubles, hâtives, tardives, Belles de mai, Rembrandt... les variétés les plus surprenantes sont ici présentées. Vous trouverez également des orchidées, des plantes carnivores et des végétaux insolites. De quoi colorer jardins et balcons au retour de voyage. Méfiance néanmoins : certains jardiniers voyageurs nous rapportent que ce qui s'annonçait comme une variété rare sur le paquet sort parfois de terre sous la forme d'une banale tulipe rouge un an plus tard.

Singel/Muntplein • Lun.-sam. 9h-17h30, dim. 11h-17h30.

5 P. G. C. HAJENIUS*

Imaginez une boutique où rien n'aurait bougé... depuis 1914. De style Art déco depuis cette date, l'enseigne dédiée au cigare existe en fait depuis 1826. Boiseries anciennes, rayonnages couverts de cigares, de pipes ou de pots à tabac, mais aussi de nombreux accessoires sont savamment exposés dans cet antre d'un autre siècle. Surprenant !

Rokin, 92-96 • Entre le Dam et Muntplein • ☎ 623 74 94 • www.hajenius.com • Lun. 12h-18h, mar.-sam. 9h30-18h, dim. 12h-17h.

6 ALLARD PIERSON MUSEUM**

Inauguré en 1934, le musée porte le nom d'Allard Pierson (1831-1896), premier professeur d'archéologie de l'université d'Amsterdam. Objets, maquettes, bijoux parthes et sassanides racontent la vie des peuples de l'Antiquité autour de la Méditerranée, en Égypte, en Iran et en Grèce. Vous pourrez y voir des archéologues à l'œuvre, leur poser des questions et même toucher leurs trouvailles. Attention, ce musée procède actuellement à une réfection par tranches : certaines parties ne sont pas accessibles au public.

Oude Turfmarkt, 127 • ☎ 525 25 56 • www.allardpiersonmuseum.nl • Mar.-ven. 10h-17h, sam.-dim. et j.f. 13h-17h ; f. 1er janv., 27 avr. et 25 déc. • Entrée : 10 €.

Pause sur l'eau au Café De Jaren

Le plus branché des grands cafés est un bel espace lumineux situé en bordure de l'Amstel. Dès les beaux jours, on se dispute les tables sur la vaste terrasse flottante pour un petit déjeuner tardif ou un déjeuner rapide.

16 • Nieuwe Doelenstraat, 20-22 • ☎ 625 57 71 • www.cafedejaren.nl • T.l.j. 8h30-1h (2h ven.-sam.) • *Ciabatta* : 8,75 €, soupe : 6,50 €.

7 STAALSTRAAT**

Cette longue rue pleine de charme enjambe deux canaux grâce à des ponts-levis. De nombreux magasins y ont élu domicile, dont la confiserie Puccini (voir p. 119) et le magasin Droog Design (voir p. 168), situé au n° 7B, dans une très belle maison à pignon : c'est l'ancienne halle aux draps, siège de la guilde des drapiers portraiturés par Rembrandt (*Syndic des drapiers* à contempler au Rijksmuseum, voir p. 80).

La tulipe, emblème national

Entre Leyde et Haarlem, dès la fin avril et pour huit à neuf semaines, le polder se métamorphose en gigantesque tapis multicolore, soit 8 000 ha plantés de tulipes. Cette fleur sauvage originaire des steppes d'Asie centrale, qui vit sa première floraison en Hollande en 1594, déclencha aussitôt un engouement tel qu'on n'a eu de cesse jusqu'à nos jours d'en modifier les formes et les couleurs.

LA FLEUR DES SULTANS

Au XVIe s., l'ambassadeur extraordinaire de Ferdinand Ier d'Autriche à la cour du sultan ottoman s'étonna de la passion suscitée par une fleur encore inconnue en Europe : la tulipe. Il en rapporta quelques oignons qui furent plantés en 1554 dans les jardins impériaux de Vienne. Le nom qu'on lui donna, « Tulp », est né d'une méprise du diplomate. Il s'agissait d'une ***tülbend,*** ce qui signifie « plante-turban » en persan. Mais en réalité, **les Turcs appelaient cette précieuse fleur *lâle*.**

LA TULIPE APPRIVOISÉE

Un botaniste d'origine française, Charles de L'Écluse, s'intéressa à sa morphologie et découvrit ses fabuleuses capacités d'hybridation. Il obtint **la première floraison** de la *Tulipa gesneriana* au jardin botanique de Leyde en 1594. En divulguant ses recherches, il était loin de se douter qu'il allait déclencher une véritable folie qui s'empara de la Hollande tout entière.

LA TULIPE DANS L'ART

Aussi précieuse qu'un plat en argent ou qu'un verre en cristal, **la tulipe est désormais une composante des natures mortes.** Le peintre flamand Jan Breughel de Velours (1568-1625) est le premier à l'avoir représentée dans toute son éphémère splendeur. Les faïenciers de Delft lui dédient un vase particulier, la tulipière, destiné à mettre sa beauté en valeur.

Jardin de tulipes éphémères lors du National Tulpendag

TULIPOMANIA

L'énorme succès remporté par la tulipe, cette curiosité, éveille la convoitise des spéculateurs. Chacun se livre alors à des expérimentations destinées à obtenir l'exemplaire rare, par sa forme ou par sa couleur. **En 1634, la tulipe est même cotée en Bourse** et a ses propres notaires pour s'occuper des transactions. La fièvre dure trois ans, au cours desquels la tulipe atteint des sommes astronomiques. Un krach boursier met fin à la spéculation, mais la tulipe reste un luxe pendant encore de très nombreuses années.

LA BULBICULTURE

Un sol sablonneux riche en calcaire favorable à la culture de la tulipe explique l'essor extraordinaire qu'a pris la bulbiculture dans la région de Haarlem, au point de devenir l'une des principales exportations. Peu après la floraison, les fleurs sont coupées de manière à conserver dans le bulbe les réserves nutritives. Récoltés trois mois après l'écimage, les bulbes sont destinés au forçage (production de fleurs en serre) ou stockés à température variable pour être plantés dans les jardins.

TULIPE, MODE D'EMPLOI

La période pour planter les oignons de tulipe s'étend de septembre à début décembre. Il faut planter les bulbes à 10 cm de profondeur, quelle que soit la nature du sol, et les espacer de deux fois leur hauteur. Selon la variété et la taille, il peut y avoir **deux types de floraison, soit** une **en mars-avril** (pour les variétés hâtives), **soit en mai** (pour les variétés les plus tardives). Sauf en cas de gel, il est conseillé de maintenir la motte humide tout autour de son bulbe.

Les cultivars

À partir d'une centaine d'espèces sauvages, originaires d'Asie centrale, les horticulteurs ont obtenu quelque 900 variétés ou cultivars de tulipes, botaniques ou hybrides. Elles se répartissent en trois catégories selon leur moment de floraison : les hâtives, les mi-hâtives et les tardives.

4 Du Nieuwmarkt AU PRINSENHOF

● Restos & bistrots p. 117 ● Bars, clubs & sorties p. 141 ● Boutiques p. 165

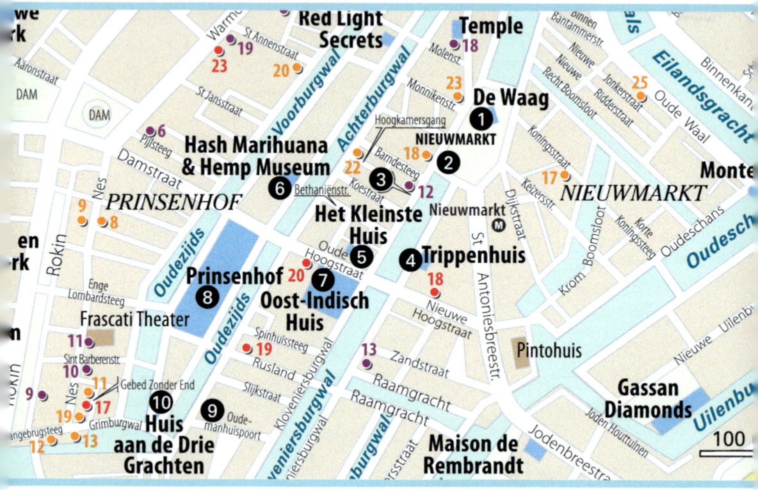

Le quartier universitaire a élu domicile autour de Nieuwmarkt. Aux terrasses des anciens couvents convertis en cafés défilent les habitués, étudiants, bouquinistes du coin, tenanciers de théâtres expérimentaux, tantôt fumeurs de haschich tantôt mangeurs de harengs. Le long des canaux ombragés, tout le monde semble se connaître : un véritable village au cœur de la ville !

❶ DE WAAG★

Rare vestige de l'enceinte médiévale, la tour massive de la porte Saint-Antoine devint le siège des Poids publics *(Waag)* au XVIIe s. C'est dans la salle de l'étage supérieur, autrefois occupée par la guilde des chirurgiens, que Rembrandt peignit sa première toile célèbre : *La Leçon d'anatomie du professeur Tulp*. Aujourd'hui, ce lieu, décoré par Jaap Dijkman, abrite un café-restaurant entièrement éclairé à la bougie, ce qui lui confère une atmosphère particulièrement féerique à la tombée de la nuit. Il bénéficie d'une belle terrasse.

Nieuwmarkt, 4 • ☎ 422 77 72 • www.indewaag.nl • Café-restaurant : t.l.j. 9h-1h (cuisine ferme à 22h30) ; plats 23,50-32 €, desserts 8,50-10,50 €.

❷ NIEUWMARKT**

Pour relooker la place du Nieuwmarkt, la municipalité a fait appel à deux sculpteurs hollandais, Alexander Schabracq et Tom Postma, qui ont aussi œuvré sur le Damrak. À leur actif, les lampadaires et les grilles vertes inspirés du constructivisme russe, dont le style ne fut pas unanimement apprécié. Un marché s'y tient tous les matins. De mai à septembre, le dimanche (9h-17h), la place s'anime pour un marché aux puces hétéroclite où meubles, pièces de collection et fonds de grenier se côtoient.

Pause chaleureuse au Lokaal 't Loosje

Nieuwmarkt regorge de petits cafés plaisants. Le Lokaal 't Loosje est représentatif du style amstellodamois. Ancien *proeflokaal* (voir p. 138) d'une brasserie haguenoise, il a conservé ses beaux décors de faïence, ses boiseries et son plancher sablé. C'est l'endroit idéal pour prendre un café, une soupe en hiver (4,50 €), un sandwich (5,50-7,50 €) et pour profiter de la terrasse.

● 18 • Nieuwmarkt, 32-34 • ☎ 627 26 35 • www.loosje.nl • Dim.-jeu. 8h30-1h, ven.-sam. 8h30-3h.

❸ HERBORISTERIE JACOB HOOY**

Dans cette boutique qui fleure bon les herbes et les épices, la famille Oldenboom est derrière le comptoir depuis presque deux siècles. Les tonneaux de bois alignés sur les étagères et les tiroirs patinés contiennent pas moins de 600 variétés d'herbes aromatiques ! Entre autres, goûtez absolument aux délicieux bonbons à la réglisse.

Kloveniersburgwal, 10-12 • ☎ 624 30 41 • Lun. 13h-18h, mar.-ven. 10h-18h, sam. 10h-17h.

❹ TRIPPENHUIS**

Maison des frères Tripp

Cette imposante maison patricienne construite dans le style Renaissance en 1660 est l'une des seules à Amsterdam à pouvoir rivaliser avec les palais vénitiens. Les frères Trip avaient fait fortune dans le commerce des armes. De l'autre côté du canal, au n° 26, on peut voir la maison, beaucoup plus modeste, où habitait… leur cocher !

Kloveniersburgwal, 29 • Ne se visite pas.

❺ HET KLEINSTE HUIS*

Avec sa façade de 2 m de large et ses 6 m de profondeur, on la surnomme « la plus petite maison d'Amsterdam ». Depuis 2014, une équipe passionnée l'a ouverte au public. Dans l'espace exigu, ils ont décidé de respecter l'esprit du lieu et de rendre hommage à l'âge d'or hollandais en proposant des pièces de céramique produites aux Pays-Bas et des thés (un clin d'œil à la Compagnie des Indes orientales), qu'on peut déguster sur place dans le petit salon.

Oude Hoogstraat, 22 • ☎ 752 75 85 • www.thesmallesthouseinamsterdam.com • Dim.-lun. sur r.-v., mar.-sam. 11h30-18h.

Huis aan de Drie Grachten

❻ HASH MARIHUANA & HEMP MUSEUM*

Musée du Cannabis, de la Marijuana et du Chanvre

Ce musée retrace dix mille ans d'histoire du cannabis. Vous apprendrez ainsi qu'on en faisait déjà grand usage dans le port d'Amsterdam… mais uniquement pour la fabrication des cordages de chanvre.

Oudezijds Achterburgwal, 148 • ☎ 624 89 26 • www.hashmuseum.com • T.l.j. 10h-22h • Entrée : 9 €.

❼ OOST-INDISCH HUIS*

Bâtiment de la VOC

Ce grand bâtiment en briques rouges et pierres jaunes surmonté du monogramme VOC (*Verenigde Oost-Indische Compagnie*) fut aux XVIIe et XVIIIe s. le siège de la très fameuse Compagnie des Indes orientales, qui rapportait d'Orient épices, étoffes chamarrées et porcelaines. Les ventes publiques des marchandises avaient lieu deux fois par an dans la cour. Les lieux sont maintenant utilisés par l'université d'Amsterdam.

Oude Hoogstraat, 24 • Ne se visite pas.

❽ PRINSENHOF***

Hôtel The Grand

Cet hôtel de luxe était au XVIe s. la résidence des hôtes princiers, d'où son nom, signifiant « Cour des Princes », qui est resté, bien qu'il ait fait fonction d'hôtel de ville (jusqu'en 1986) après que celui qui se trouvait dans le quartier du Dam eut été transformé en palais royal. Si votre curiosité vous guide, poussez la porte : vous pourrez peut-être admirer la salle des mariages Art déco si elle n'est pas réservée, et vous offrir un café dans le somptueux décor du bar de l'hôtel.

Oudezijds Voorburgwal, 197 (adressez-vous à l'accueil) • ☎ 555 31 11 • www.sofitel-legend-thegrand.com

❾ PASSAGE OUDEMANHUISPOORT*

Foire aux Livres

Au cœur du quartier universitaire, les bouquinistes ont élu domicile dans les niches d'un très joli passage couvert qui relie deux canaux, l'Oudezijds Achterburgwal et le Kloveniersburgwal. Jetez un coup d'œil sur la belle cour intérieure ainsi que sur les différentes gravures anciennes en vente qui vous permettront de réaliser un véritable voyage dans l'Amsterdam d'autrefois.

Lun.-sam. 9h-17h.

❿ HUIS AAN DE DRIE GRACHTEN**

Maison sur les Trois Canaux

Reconnaissable à ses volets rouges et à sa façade bicolore, cette belle maison patricienne du Siècle d'or, édifiée à la jonction de trois canaux, était la dernière construction au sud-est de la ville médiévale. Elle abrite aujourd'hui une maison d'édition.

Angle des canaux Oudezijds Voorburgwal, Oudezijds Achterburgwal et Grimburgwal • Ne se visite pas.

Pause traditionnelle au Café Gasthuys

L'ambiance de ce café brun colle avec son nom : la « maison d'hôtes ». L'accueil y est chaleureux, invitant à la détente au fil de la journée. À l'heure du déjeuner, on s'y régale de duo de *kroketten* (5,50 €), de salade (11 €) ou encore de burger (12,50 €) ou de steak (14 €). La partie la plus ancienne du bâtiment, située à l'avant, date de 1870. Aux beaux jours, une agréable terrasse est installée.

● 19 • Grimburgwal, 7 • ☎ 624 82 30 • www.gasthuys.nl • T.l.j. 12h-1h.

5 De Wallen, LE QUARTIER ROUGE

● Restos & bistrots p. 117 ● Bars, clubs & sorties p. 142 ● Boutiques p. 166

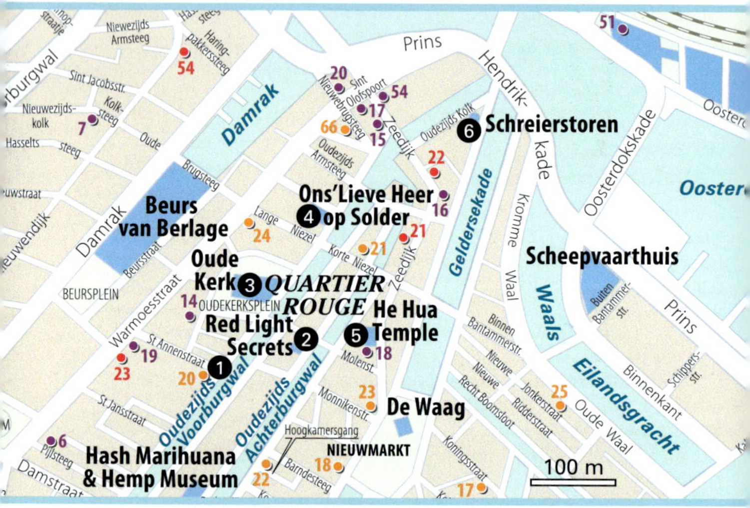

C'est le cœur historique d'Amsterdam, l'un des plus sulfureux et des plus visités. Relativement calme en journée, De Wallen s'anime une fois la nuit tombée, lorsque les vitrines s'allument et qu'apparaissent les corps dénudés proposés au chaland, au milieu d'effluves de marijuana. Si, fut un temps, la réputation et l'attractivité d'Amsterdam tint à ce quartier, ce dernier suit les mêmes évolutions que la ville : prostitution et *coffee shops* voient leur place diminuer au profit de boutiques de créateurs.

❶ OUDEZIJDS VOORBURGWAL★

À deux pas de l'ancien port, ce canal était sans doute voué à devenir le quartier des pécheurs et des pécheresses. Dans des vitrines éclairées par des néons rouges, des dames très dénudées téléphonent, regardent la rue, dansent ou lisent un magazine pour passer le temps. Aucune ambiguïté quant à la profession exercée.

❷ RED LIGHT SECRETS*

Musée de la Prostitution

Ouvert en 2013, ce musée de la prostitution entend éclairer les touristes sur le quotidien des travailleuses du sexe, qui sont omniprésentes dans le quartier. En ouverture, un intéressant petit film dépeint 24h de la vie du quartier, depuis le vendeur de café jusqu'au réparateur de néons. On découvre également des reconstitutions de chambres, des histoires de femmes, ainsi que les chiffres de la prostitution locale. À deux reprises, il est possible de ressentir l'effet associé au fait d'être « en vitrine ».

Oudezijds Achterburgwal, 60 • www.redlightsecrets.com • T.l.j. 11h-minuit • Entrée : 10 €.

❸ OUDE KERK*

Vieille église

Avec les petites maisons accrochées à ses flancs, elle ressemble à un vaisseau abandonné au milieu de cet océan de perdition. L'église n'a pas échappé à la furie iconoclaste des calvinistes à la fin du XVIe s., ce qui explique son intérieur très dépouillé, qui sert parfois pour les concerts.

Le clocher

Bilhmaer, le clocher octogonal, de style gothico-Renaissance comme le reste de l'édifice, servait jadis de repère aux marins. Il fut construit en 1565 par Joost Jansz. Aujourd'hui, les 47 cloches de son carillon, qui fut ajouté en 1658 par François Hemony, rythment la vie des habitants d'Amsterdam. N'hésitez pas à vous rendre en haut de la tour, c'est d'ici que vous aurez une des plus splendides vues sur la ville.

Oude Kerk

L'extérieur

Situé au cœur du Quartier rouge, le sanctuaire est reconnaissable aux pignons de ses chapelles. Vous remarquerez également les habitations et les petites annexes des XVIIe et XVIIIe s., réservées à l'administration ecclésiastique, qui l'entourent. Enfin, ne manquez pas son portail nord de style gothique.

L'intérieur

D'importantes restaurations entreprises en 1955 permirent de découvrir les peintures du XVe s. qui ornent le plafond. Parmi les autres trésors présents dans l'édifice, citons la chaire de 1643, les grilles du chœur (1681), les grandes orgues en chêne (1724) de Jan Westerman et, dans la chapelle de la Vierge, les somptueux vitraux du XVIe s. de Pieter Aertsen représentant l'Immaculée Conception, la Visitation et la Dormition. Plusieurs amiraux hollandais morts au combat reposent dans le sanctuaire. Saskia, la première épouse de Rembrandt, est inhumée depuis 1642 près du chœur.

Oudekerksplein, 23 • ☎ 625 82 84 • www.oudekerk.nl • Lun.-sam. 10h-18h, dim. 13h-17h30 ; f. 27 avr. • Visite du clocher (avr.-sept. uniquement) : jeu.-sam. 13h-17h • Concert de carillon gratuit mar. à 15h et sam. à 16h (dates sur le site Internet) • Entrée : 7,50 € (église) ou 10 € (église et expo).

Pause grignotage chez De Bakkerswinkel

On peut y acheter son pain, ses miels et ses confitures à emporter, mais surtout déguster sur place, dans un cadre charmant mêlant meubles modernes et décor façon brocante de grand-mère, un petit déjeuner copieux (9,25-14,75 €) et des soupes comme à la maison (5,95 €).

● 24 • Warmoesstraat, 69 • ☎ 489 80 00 • www.debakkerswinkel.nl • Lun.-ven. 8h-17h30, sam.-dim. 9h-18h.

❹ ONS' LIEVE HEER OP SOLDER★★★

Le Bon Dieu au Grenier

Cette coquette maison bourgeoise cache dans son grenier une chapelle clandestine aménagée en 1661, lorsque l'on ôta aux catholiques la liberté de culte. La visite de cette grande maison du Siècle d'or se révèle passionnante.

Le grand salon

Il est situé au premier étage et vous y accéderez par un escalier très étroit. Vous y retrouverez tous les éléments caractéristiques du mobilier bourgeois néerlandais du Siècle d'or : un plafond à caissons, le dallage au sol et un tableau de Richard Brakenburgh intitulé *La Veillée de saint Nicolas*.

La chambre du chapelain

Imaginez ce que devait être l'existence du curé qui vivait clandestinement dans cette modeste chambre située sous la chapelle ! Quelques-uns de ses objets personnels (des lunettes, un bréviaire, une pipe et des chaussons) ont été conservés.

L'église

Le propriétaire aménagea en 1663, sous les toits, une chapelle dédiée à saint Nicolas et destinée aux catholiques alors pourchassés par les protestants. Agrandie en 1735, elle se transforme en une véritable église comprenant un autel de style baroque en faux marbre surmonté du *Baptême du Christ* (1716) de Jacob de Wit, une chaire, des rangées de chaises et un orgue de 1794. L'office y fut célébré jusqu'à l'édification en 1887 de la Sint Nicolaaskerk.

Oudezijds Voorburgwal, 40 • ☎ 624 66 04 • www.opsolder.nl • Lun.-sam. 10h-18h, dim. et j.f. 13h-18h ; f. 27 avr. • Office 1er dim. du mois (oct.-déc.) • Entrée : 10 €.

❺ HE HUA TEMPLE*

Ce temple bouddhique est le plus grand d'Europe. Il reprend les codes architecturaux des palais chinois et fut érigé avec des matériaux provenant de l'Empire du Milieu. He Hua signifie « fleur de lotus » et renvoie à l'éveil de l'âme, mais également à Helan,

« Hollande » en mandarin, la terre d'accueil. À l'intérieur, on peut admirer une statue de bodhisattva Avalokiteshvara, incarnation de la compassion ultime.

Zeedijk, 106-118 • ☎ 420 23 57 • www.ibps.nl • Lun.-sam. 12h-17h, dim. 10h-17h ; f. 1er janv. • Entrée libre.

❻ SCHREIERSTOREN*

Tour des Pleureuses

Du haut de cette tour, les femmes de marin regardaient s'éloigner leur mari. Y ont élu domicile un café et un magasin proposant des almanachs, des cartes du ciel et les précieux baromètres Bolle. Pour rejoindre la boutique, traversez le bar et montez à l'étage de la tour.

Prins Hendrikkade, 94-95 • www.schreierstoren.nl • Café : ☎ 428 82 91 • Lun.-mar. 10h-20h, mer.-jeu. 10h-1h, ven.-sam. 10h-3h, dim. 11h-1h • Magasin : ☎ 624 80 52 • Lun.-sam. 10h-18h.

Libertés et libertinage

Au XVIIe siècle déjà, Amsterdam était connue pour l'esprit de tolérance qui y régnait. Souvent critiqués par leurs voisins européens pour leur apparent laxisme, les Néerlandais revendiquent un droit véritable à la liberté d'agir et de penser. Ainsi, chacun est accepté dans sa diversité, qu'il soit étranger, homosexuel, marginal ou de petite vertu. C'est également le premier pays à avoir légalisé l'avortement, permis l'euthanasie et autorisé les drogues douces.

SQUATTER, UN PHÉNOMÈNE PASSÉ DE MODE

Au début des années 1970, il était assez facile pour un étudiant de se trouver un logement gratuit dans un somptueux hôtel de maître de l'Herengracht. L'action des *provos* contre la spéculation immobilière fut plus ou moins autorisée par la municipalité, qui préférait voir ces bâtisses occupées avant rénovation. Signe des temps, une nouvelle loi sur les logements, en 1986, mit fin à cette pratique pourtant inoffensive.

LES *PROVOS*, GENTILS AGITATEURS

Non violents, écologistes et rebelles à l'ordre établi, voilà comment se définit un groupe de jeunes contestataires qui, dès 1964, se firent connaître par des actions humoristiques, les « happenings ». Ayant fait du Dam leur

De Wallen (Quartier rouge)

centre de ralliement, ils préconisent notamment l'emploi de la voiture non polluante, le droit au logement social et la liberté sexuelle. **Gentiment subversifs,** ils réussissent à se faire élire au conseil municipal d'Amsterdam et sont à l'origine de la politique antivoiture actuelle.

LES *COFFEE SHOPS*

L'initiative de la culture du cannabis revient à **Kees Hoekert** qui, en 1961, a découvert une brèche dans le Code pénal : il est interdit de posséder des fleurs séchées de cannabis, mais pas de les cultiver. Si la possession de drogue douce reste un délit, l'État autorise la vente d'herbe et de résine de cannabis dans les quelque 200 *coffee shops* de la ville. La dose autorisée est de 5 g pour tous, hollandais ou non.

L'AMOUR EN VITRINE

Comme tous les ports, **Amsterdam a ses prostituées.** Mais **ici, elles s'exposent en vitrine avec le plus grand naturel.** Les bordels sont d'ailleurs officialisés et ces dames aux mœurs légères paient des impôts. C'est une façon comme une autre de reconnaître leur métier et d'éviter de les voir faire du racolage sur le trottoir, pratique illégale aux Pays-Bas.

GAY CITY

Après San Francisco, Amsterdam est la ville qui compte le plus grand nombre de bars et clubs gays. **C'est le premier pays d'Europe où l'on a autorisé le mariage entre homosexuels.** Ceux-ci ont aussi le droit d'élever des enfants. La communauté gay a son journal, le *Gay Krant*, et possède un centre de protection de ses droits. La première semaine d'août se tient la Pride Amsterdam (voir p. 21).

Une terre d'accueil

Un quart de la population est allogène et 177 nationalités cohabitent à Amsterdam. La plupart sont des Surinamais, descendants d'esclaves noirs africains « déportés » sur les côtes de Guyane. Devant leur désir de s'établir définitivement aux Pays-Bas, un bureau de coordination a été organisé pour les aider à s'intégrer dans la société néerlandaise.
« Quel autre pays où l'on puisse jouir d'une liberté si entière, où l'on puisse dormir avec moins d'inquiétude ? » René Descartes, 1631.

6 Jodenbuurt, LE QUARTIER JUIF

● Restos & bistrots p. 118 ● Bars, clubs & sorties p. 145 ● Boutiques p. 168

D'un côté, au bord du Nieuwe Herengracht, le Stopera. De l'autre, l'Hermitage Amsterdam. Deux écoles architecturales représentatives de ce quartier reconstruit après la Seconde Guerre mondiale. Les juifs s'y retrouvent le samedi pour célébrer leurs offices dans la grande synagogue, quand les visiteurs s'y promènent pour visiter les musées réunis autour de Waterlooplein.

❶ GASSAN DIAMONDS**

Gassan est le plus grand diamantaire hollandais. Dans cette bâtisse massive, des visites sont proposées dans les ateliers. Menées par des gemmologues qui commentent en direct le travail des polisseurs de pierres, ils vous expliquent le pourquoi des facettes, ce qui fait la valeur d'un diamant (voir aussi p. 59), ou encore les pièges à éviter lors d'un achat.

Nieuwe Uilenburgerstraat, 173-175 • ☎ 622 53 33 • www.gassandiamonds.nl • T.l.j. 9h-17h, visite guidée (env. 45 min) en anglais ttes les 20 min, français possible (résa) • Gratuit.

❷ MAISON DE REMBRANDT***

Rembrandthuis

C'est grâce à la dot de sa femme, Saskia, que Rembrandt acquit cette superbe maison Renaissance en 1639. Il y vécut vingt ans, peignant dans son atelier du premier étage ses plus belles toiles. Mais c'est un autre aspect de son formidable talent que vous apprécierez ici au travers de 250 gravures exposées par thèmes : scènes de genre, autoportraits, études de nus, paysages...

Mode de vie

Au moment où Rembrandt dut se séparer de son bien, un inventaire fut réalisé. C'est en se basant sur celui-ci que les conservateurs du musée ont meublé et agencé les pièces. On peut également découvrir une collection d'objets datant du XVIIe s. retrouvés lors de la rénovation de cette maison. Pots en terre, pipes, bobines de dentelle et autres cuillères en étain ont été déterrés dans la cour. Des pièces fortes comme la presse de l'artiste sont également présentées.

Maison de Rembrandt

Les œuvres de Rembrandt

Si le musée obtient parfois en prêt l'une ou l'autre toile du maître, c'est la collection presque complète d'eaux-fortes qui constitue l'un des intérêts majeurs de la maison. Rembrandt a beaucoup utilisé cette technique de gravure pour peindre paysages, nus, autoportraits ou scènes bibliques. C'est dans ce bâtiment qu'il réalisa ses dernières gravures, l'exiguïté de la demeure qu'il occupa ensuite ne lui permettant plus de pratiquer cet art. Certaines des plaques de gravure ont été achetées aux enchères par le musée et y sont exposées. Des démonstrations sont organisées tous les jours.

Contexte

Les murs de la maison sont également recouverts de peintures. Ce sont les œuvres d'artistes pré-Rembrandtistes comme Pieter Lastman, le professeur de Rembrandt à Amsterdam, et le travail des élèves de l'ancien hôte de la maison, ainsi que des peintres qui s'en sont inspirés comme Jan Pynas, Ferdinand Bol ou Gerbrand Van den Eeckhout. Des mises en perspective sont régulièrement proposées via des expositions temporaires d'artistes contemporains.

Jodenbreestraat, 4-6 • ☎ 520 04 00 • www.rembrandthuis.nl • T.l.j. 10h-18h ; f. 27 avr. et 25 déc. • Entrée : 13 €.

Pause soupe chez Frenzi

Une vaste table en bois au milieu de la salle réunit les hôtes solitaires ou les groupes d'amis. Autour, une poignée d'autres tables pour prendre un petit déjeuner (7,80 €), manger une soupe, un copieux sandwich (à partir de 7,50 €), ou l'un des plats (15 €), voire la pasta du jour, dont la liste à l'ardoise change quotidiennement. Tapas le lundi soir.

● 27 • Zwanenburgwal, 232 • ☎ 423 51 12 • www.frenzi-restaurant.nl • T.l.j. 10h-1h (cuisine ferme à 22h).

❸ STOPERA : MUZIEKTHEATER/ STADHUIS*

Dans un complexe moderne bâti en 1986 sur l'Amstel ont pris place l'hôtel de ville et un opéra (Muziektheater) de 1 600 places. La contraction de ces deux mots, *Stadhuis* et *Opera*, a donné son nom officiel au Stopera, ouvrage à l'esthétique très fortement décriée, encore aujourd'hui. Tous les mardis, vous pouvez profiter d'un concert gratuit à 12h30.

Waterlooplein, 22 / Amstel, 3 • ☎ 551 89 11 • www.operaballet.nl • Visites guidées sam. à 12h15 sur résa au ☎ 625 54 55 • Entrée libre • Spectacles : voir p. 145.

❹ BLAUWBRUG*

Pont Bleu

Construit pour l'Exposition universelle de 1883, cette pâle imitation du pont Alexandre-III de Paris, enjambe l'Amstel, la rivière qui est à l'origine de la création de la ville et de son nom : *Amstel-dam* ou « barrage sur l'Amstel ».

Stopera

❺ JOODS HISTORISCH MUSEUM**

Musée historique juif

Le musée a pour cadre quatre synagogues de la communauté ashkénaze, reliées entre elles par des verrières et des passerelles. Présentés par thèmes, objets, photos et documents illustrent la vie et la culture des Juifs installés à Amsterdam depuis la fin du XVIe s.

Nieuwe Amstelstraat, 1 • ☎ 531 03 10 • www.jck.nl • T.l.j. 11h (12h 1er janv.)-17h ; f. pour Yom Kippour, le Nouvel An juif et le 27 avr. • Entrée : 15 € (billet combiné avec l'Esnoga).

❻ ESNOGA***

Synagogue portugaise

La synagogue portugaise est exceptionnelle à plus d'un titre : outre son architecture hors du commun – un cube de brique –, elle est la première synagogue d'Amsterdam et l'une des plus grandes du monde. Le site fut édifié en 1675 pour les Juifs portugais, descendants des victimes de l'Inquisition espagnole. Sa salle principale est toujours éclairée à la bougie durant les offices. Elle se visite, ainsi que les chambres des trésors, qui réunissent 800 objets de cérémonie et des étoffes superbes. Dans la bibliothèque se trouvent 560 manuscrits depuis 1282 et 20 000 volumes imprimés.

Mr. Visserplein, 3 • ☎ 531 03 80 • www.portugesesynagoge.nl • Dim.-jeu. 10h-17h (16h déc.-janv.), ven. 10h-16h (17h mai-août et 14h nov.-fév.) ; f. 27 avr. et pour les fêtes juives • Entrée : 15 € (billet combiné avec le Joods Historisch Museum) • Visite de la bibliothèque obligatoirement accompagnée d'un guide : 8,50 € ; durée 1h ; 10 pers. max ; sur résa au ☎ 531 03 80 ou par mail : service@jck.nl

7 HERMITAGE AMSTERDAM***

Musée de l'Ermitage

Pierre le Grand entretenait des liens étroits avec Amsterdam. Il y séjourna à de nombreuses reprises et y apprit notamment les ficelles du métier de charpentier naval. Cela explique en grande partie pourquoi l'Ermitage, l'institution de Saint-Pétersbourg, a décidé de construire une annexe aux Pays-Bas. Plus de 4 000 m² d'exposition ont été créés en bord d'Amstel, dans un ancien hospice pour femmes âgées signé Hans Jansz Van Petersom. Le musée organise plusieurs grandes expositions thématiques par an, valorisant le fonds de la maison mère russe.

Amstel, 51 • ☎ 530 87 55 • www.hermitage.nl • T.l.j. 10h (11h 1er janv. et 25 déc.)-17h ; f. 27 avr. et 25 déc. • Entrée : 17,50 €.

8 OUTSIDER ART MUSEUM**

Au sein de l'immense bâtisse du musée Hermitage Amsterdam, une aile est consacrée à ces artistes qui s'ignorent. Qualifié d'art « outsider » ou d'art « non poli », ce courant est considéré comme non « contaminé » par les tendances artistiques et culturelles. Parfois naïf ou sauvage, souvent précis, voire bref, cet art met en valeur les œuvres et leurs créateurs, en leur offrant de superbes portraits en noir et blanc, de la même taille que leurs toiles.

Amstel, 51 • ☎ 020 530 87 55 • www.outsiderartmuseum.nl • T.l.j. 10h-17h • Entrée : 12,50 €.

9 SCHEEPVAARTHUIS**

Maison maritime

La « Maison de la navigation » fut commandée à J. M. Van der Mey en 1912. Avec sa façade tout en brique, elle est considérée comme le premier bâtiment représentatif de l'école d'Amsterdam (voir p. 36). Entre vagues et dieux des flots, tous les éléments décoratifs de la façade renvoient au thème de la mer et rappellent que le bâtiment abritait autrefois des compagnies de transport maritime. C'est un hôtel qui y est aujourd'hui installé.

Prins Hendrikkade, 108-114.

10 MONTELBAANSTOREN*

Dressée au ras de l'eau en 1516, cette tour faisait partie d'un ensemble qui constituait les anciennes douves protégeant le centre historique. Dès 1606, elle perdit sa fonction défensive : l'architecte municipal Hendrick de Keyser fut chargé de l'orner d'une couronne de pierre, dans un style Renaissance. Quatre ans plus tard, la tour s'effondrait sous le poids. Renforcée et reconstruite, elle abrita longtemps l'Office municipal des Eaux, qui finit par quitter les lieux en 2006, date à laquelle une nouvelle réfection eut lieu.

Oudeschans, 2 • Ne se visite pas.

Petit précis du diamant

Le diamant n'acquiert sa splendeur qu'après une taille appropriée qui tire le meilleur profit des lois de réfraction et de réflexion. Les tailleries d'Amsterdam sont nées à la fin du XVIe siècle. Depuis, le savoir-faire inégalable des tailleurs amstellodamois en a fait la capitale mondiale du diamant.

LES QUATRE « C »

La majorité des diamants traités à Amsterdam provient d'Afrique du Sud. La valeur d'un diamant est évaluée en fonction de **quatre critères :** la taille *(cut)*, la couleur *(color)*, la pureté *(clarity)* et le poids *(carat)*.

DE L'ÉTAT BRUT AU BRILLANT

À l'état brut, un diamant (c'est-à-dire du carbone cristallisé sous l'effet conjugué de fortes pressions et de hautes températures) se présente sous la **forme d'un octaèdre.** Les différentes tailles dépendent de la forme initiale du cristal : rectangulaire ou oblongue. La taille la plus courante mais aussi la plus coûteuse est le brillant, qui compte pas moins de 57 facettes.

SUBTILITÉ DE LA COULEUR ET PURETÉ DE L'ÉCLAT

Un diamant qui présente des **colorations jaunes** est fortement déprécié. En revanche, les teintes homogènes roses, bleues, vertes ou noires, causées par la présence d'un autre minerai au moment de la cristallisation, en augmentent la valeur. Un diamant de qualité doit être parfaitement pur. La présence d'inclusions et de particularités de cristallisation trop visibles lui ôtent beaucoup de sa valeur... et de ce fait le rendent plus abordable !

COMPTER EN CARATS

L'unité de poids est le carat métrique, qui équivaut à 200 mg (5 carats = 1 g) ou 100 points. Un brillant de 0,01 carat comporte autant de facettes que celui de 22 carats !

Les différents types

- Princesse carrée
- Brillant
- Marquise
- Poire
- Cœur
- Princesse
- Ovale
- Émeraude
- Carré
- Baguette

7 Le Jordaan, POPULAIRE ET BRANCHÉ

● Restos & bistrots p. 119 ● Bars, clubs & sorties p. 145 ● Boutiques p. 169

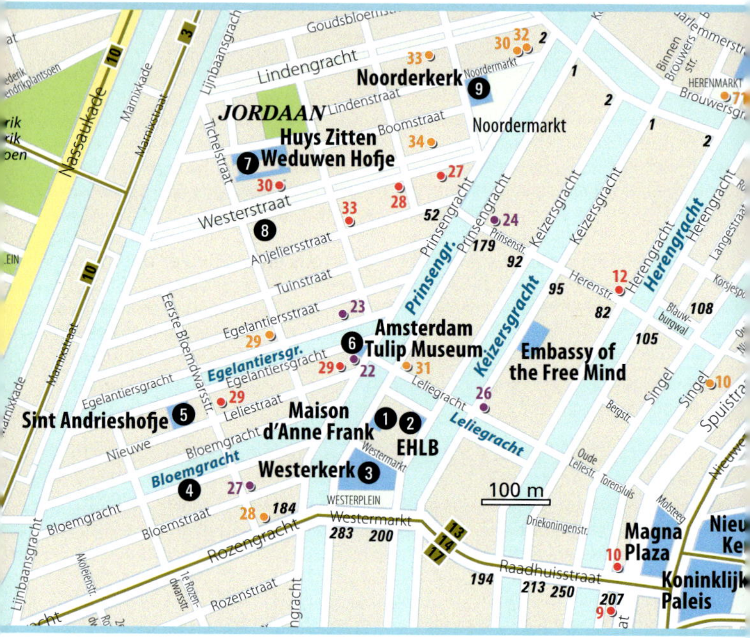

Il suffit de déambuler quelques minutes dans le Jordaan pour comprendre que l'on a mis les pieds dans l'un des quartiers les plus branchés de la ville. Attirés par les anciens appartements d'ouvriers, encore abordables il y a quelques années, de jeunes couples sont venus s'installer dans ces rues tranquilles. Désormais, au pied des façades populaires, dont les prix ont flambé, fleurissent les boutiques de créateurs et de bonnes adresses pour s'offrir un brunch ou un verre en terrasse.

❶ MAISON D'ANNE FRANK★★★

Anne Frank Huis

C'est dans l'*achterhuis* ou « maison de derrière » que l'adolescente Anne Frank vécut en recluse avec les siens, une autre famille, plus un homme (en tout huit personnes), durant deux ans, avant d'être déportée et de mourir au camp de Bergen-Belsen. Témoignage poignant, son journal intime a été retrouvé et publié dans près de 50 langues différentes. Les revenus de ce livre servent en partie à financer la Fondation Anne-Frank, qui lutte contre le racisme.

Maison d'Anne Frank

Sa vie

Née le 12 juin 1929 à Francfort-sur-le-Main, Anne quitte l'Allemagne en 1933 avec ses parents et sa sœur pour fuir les persécutions nazies. Mais la guerre les rattrape, et le 6 juillet 1942, la famille entre dans la clandestinité, au-dessus du magasin familial, avec la complicité des employés de bureau. Débutent 25 mois d'une vie de reclus, souvent dans le silence et le noir pour éviter d'être repérés. Un coup de téléphone informera le Sicherheitsdienst, le service secret de la SS, de la présence des clandestins. Seul Otto, le père d'Anne, survécut à la déportation.

Le parcours

« Un jour cette horrible guerre se terminera enfin, un jour nous pourrons être des êtres humains et pas seulement des Juifs. » C'est sur cette citation que s'ouvre la visite. Elle est issue du *Journal* qui rythme le parcours. En commençant par l'entrepôt, le visiteur découvre, de pièce en pièce, des vidéos et documents d'archives et se dirige vers la bibliothèque pivotante qui fait office d'entrée de la cachette. Pour respecter la volonté d'Otto Frank, les chambres et pièces de vie n'ont pas été remeublées.

Les manuscrits

À 13 ans, Anne reçut un cahier. Elle décida d'y raconter son quotidien. Elle a également rédigé d'autres écrits parmi lesquels des contes. On a également retrouvé un relevé de citations d'après ses lectures. Depuis 2010, l'ensemble des originaux est exposé ici.

Prinsengracht, 263-267 • ☎ 556 71 05 • www.annefrank.org/fr/musee • 1er nov.-mars : t.l.j. 9h-19h (21h sam.) ;

1er avr.-31 oct. : t.l.j. 9h (8h30 juin-août) -22h ; f. pour Yom Kippour • Billets en vente uniquement sur le site Internet ; le nombre de billets est limité pour chaque plage horaire • Entrée : 9 €.

❷ EHLB★★

Ce très bel édifice Art nouveau fut construit en 1905 par Gerrit Van Arkel pour abriter les bureaux de la compagnie d'assurance sur la vie en Hollande (EHLB). Avec son audacieuse tour de six étages, il est l'un des premiers exemples d'architecture fonctionnelle à Amsterdam. La façade imposante est animée de mosaïques, de bow-windows et de clochetons. Le hall d'entrée est décoré de céramiques.

Keizersgracht, 174-176, à l'angle de Leliegracht.

❸ WESTERKERK★★

Église de l'Ouest

Considérée comme le chef-d'œuvre d'Hendrick De Keyser, elle est la première église de style Renaissance à avoir été construite après la Réforme. Le clocher, qui s'élève à 85 m, est surmonté de la couronne impériale que Maximilien d'Autriche ajouta aux armes de la ville.

Prinsengracht, 281 • ☎ 624 77 66 • www.westerkerk.nl, www.westertoren amsterdam.nl • Lun.-ven. 11h-16h, sam. 11h-15h (1er avr.-1er nov.) ; f. 27 avr. • Accès libre • Concert d'orgue : avr.-oct. ven. 13h-13h30 ; gratuit • Visite du clocher : avr.-oct. lun.-sam. 10h-19h30 ; entrée : 8 €.

❹ BLOEMGRACHT★★

Le canal aux Fleurs, l'un des plus huppés, était habité au XVIIe s. par des teinturiers. Il est aujourd'hui bordé de belles maisons à pignon, ornées de blasons identifiant l'activité de leurs occupants. Trois d'entre elles, aux nos 87, 89 et 91, ont des façades caractéristiques.

❺ SINT ANDRIESHOFJE★

Franchissez la porte surmontée d'un blason. Au bout du couloir tapissé de carreaux en faïence de Delft, vous aurez la surprise de découvrir un petit jardin fleuri *(hof)* entouré de minuscules maisons qui hébergeaient jadis les vieillards dans le besoin. Cet ancien béguinage, fondé en 1616, est aujourd'hui l'un des coins les plus recherchés de la ville. Les logements y sont ruineux !

Egelantiersgracht, 105-141 • Visite lun.-sam. 10h-17h • Accès libre.

❻ AMSTERDAM TULIP MUSEUM★

Musée de la Tulipe

Sur des sets de table (9,50 €), des mouchoirs (1,50 €), en bulbes ou en peinture, la tulipe est partout dans la boutique du musée consacré à la fleur chère aux Hollandais. L'échoppe n'est pas sectaire et propose aussi d'autres fleurs, et des pièces pour les accueillir, comme des reproductions des tulipières de Delft (dès 34,50 €). L'entrée du musée se trouve complètement

au fond du magasin. Les amateurs en apprendront plus sur l'histoire du végétal, ainsi que sur sa symbolique et son utilisation dans les différentes régions du globe.
Prinsengracht, 116 • ☎ 421 00 95 • www.amsterdamtulipmuseum.com • T.l.j. 10h-18h • Entrée : 5 €.

❼ HUYS ZITTEN WEDUWEN HOFJE**

En passant le porche de cet ancien hospice, vous découvrirez l'une des *hofjes*, les petites cours, qui font la richesse du Jordaan. Celle-ci est agrémentée d'un jardin et d'anciennes pompes à eau. Le bâtiment fut érigé en 1650 par Daniël Stalpaert. Les veuves qui étaient hébergées ici étaient dans l'obligation de travailler, comme l'indiquent les séchoirs qui sont encore visibles sur la façade.
Karthuizersstraat, 89-171.

❽ MOOOI**

Dans un magnifique bâtiment sont réunis l'art, la culture et le design sous la houlette du créateur Marcel Wanders. Au rez-de-chaussée, un espace de 700 m² accueille toute la collection Moooi dans une scénographie très réussie. Le lieu offre suffisamment de recul pour pouvoir admirer les pièces XXL. Profitez-en !
Westerstraat, 187 • ☎ 528 77 60 • www.moooi.com • Mar.-sam. 10h-18h.

❾ NOORDERKERK*

Église du Nord

Datant de 1620, cette église protestante a la forme d'une croix grecque. Elle fut construite par Hendrick De Keyser, grand nom de l'architecture Renaissance. Elle est posée sur une très charmante place en triangle qui accueille un marché aux puces les lundi et samedi matins, doublé d'un marché fermier bio le samedi. En admirant attentivement les pignons des maisons au nord de la place, vous découvrirez les professions de leurs premiers habitants (tailleur, boucher, marinier...).
Noordermarkt, 48 • ☎ 626 64 36 • www.noorderkerk.org • Lun. 10h30-12h30, sam. 11h-13h.

Pause *healthy* chez Sla

Cette enseigne, dont le nom signifie « salade », ravira les végétariens, les intolérants au lactose ou au gluten ainsi que ceux en quête d'une alimentation saine. Sensible au rythme des saisons, le menu change tous les trois mois. En version détox ou ultra-protéinée, chacun se compose sa salade idéale (à partir de 8 €).
● 34 • Westerstraat, 34 • Bus 18, 21 et 22 • ☎ 370 27 33 • www.ilovesla.com • T.l.j. 11h-21h.

8 Autour de Westerpark, POUR UNE MISE AU VERT

● Restos & bistrots p. 120 ● Bars, clubs & sorties p. 147

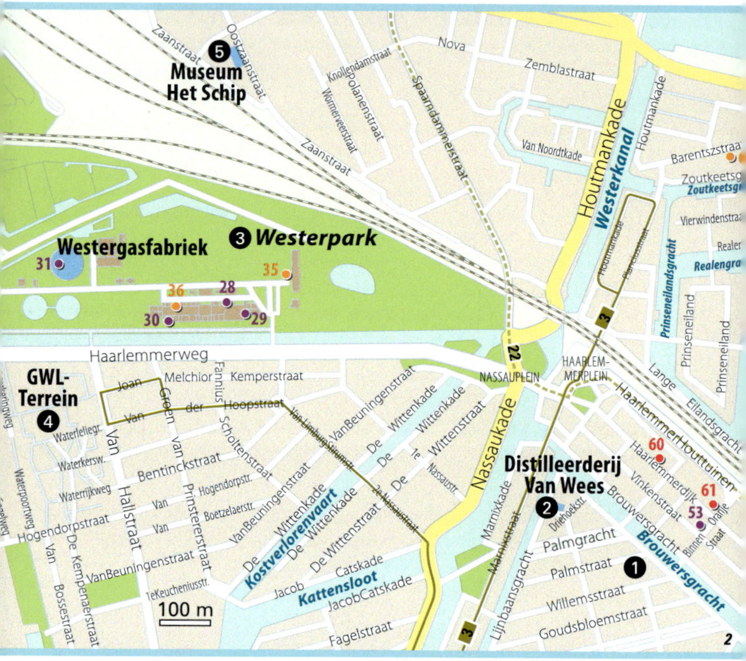

À l'ouest du Jordaan a éclos un quartier moderne et créatif, qui attire les promeneurs et les Amstellodamois en quête d'espace. Des friches indiutrielles transformées en quartiers écolos, un vaste parc avec de grandes avenues où se déroulent de nombreuses activités culturelles : vous sortez du centre historique pour rejoindre ce qui était, il n'y a pas si longtemps, l'ancien site qui fournissait la ville en gaz.

❶ BROUWERSGRACHT**

Le canal des Brasseurs marque la limite septentrionale de ce quartier. Avec ses nombreux ponts, ses entrepôts à volets rouges reconvertis en lofts et ses *woonboten* (maisons flottantes, voir p. 104) fleuris amarrés le long des quais, c'est, sans aucun doute, l'une des vues les plus colorées de toute la capitale hollandaise.

❷ DISTILLEERDERIJ VAN WEES*

À l'extrémité du canal Brouwersgracht, la Driehoekstraat est le fief de la plus ancienne distillerie des Pays-Bas, propriété de la famille Van Wees, où l'on se transmet de génération en génération les secrets de fabrication du genièvre parfumé aux herbes. Si vous souhaitez le déguster, il faudra cependant pousser légèrement plus loin jusqu'au *proeflokaal* A. van Wees, situé au n° 319 du Herengracht (voir p. 149).

Driehoekstraat, 10 • ☎ 626 77 52 • www.de-ooeivaar.nl • Ne se visite pas.

❸ WESTERPARK***

Ce parc est l'un des plus grands espaces verts de la ville. À son entrée, les bâtiments de la **Westergasfabriek**, l'ancienne usine à gaz qui fournissait l'éclairage à l'ensemble de la ville, ont été préservés.

Le parc

Créé en 1890 à l'emplacement d'une ancienne station de chemin de fer, le parc abrite des centres culturels, un petit lac, un canal où s'égaient les enfants en s'éclaboussant et de grande étendues où viennent pique-niquer les Amstellodamois. De nombreux festivals sont organisés durant les beaux jours et un marché fermier, le *Neighboor food market*, a lieu tous les dimanches.

Westerpark

abritent désormais quantité de bars, restaurants, clubs, une scène et un cinéma. Les soirs d'été, cette place est noire de monde et une ambiance bon enfant y règne. En journée, les agréables terrasses sont un appel au farniente. L'une des anciennes citernes à gaz, le Gashouder, a été reconvertie en halle d'exposition. N'hésitez pas à y jeter en œil, la programmation tourne souvent (voir p. 147).
Haarlemmerweg, 4.

❹ GWL - TERREIN (ÉCOQUARTIER)*

Au milieu des années 1990, un quartier écologique a vu le jour au sud de Westerpark, sur l'emplacement d'une ancienne usine de traitement des eaux

Westergasfabriek

Les grands édifices de brique rouge typiques de l'ère industrielle

Pause café chez Espressofabriek

Avis aux amateurs de vrai café ! Les grains sont torréfiés sur place et on peut suivre les étapes de la préparation de son breuvage au comptoir, voire repartir avec un paquet de café si on est séduit. À l'heure du déjeuner, des sandwichs italiens ultra frais (7 €), et une réputation qui n'est pas volée concernant la tarte aux pommes, généreuse et gourmande (5 €).

● 36 • Pazzanistraat, 39 • ☎ 486 21 06 • www.espressofabriek.nl • Lun.-ven. 9h-18h, sam.-dim. 10h-18h.

Museum Het Schip

désaffectée. Avec les habitants, la municipalité a créé un nouveau modèle : toits végétalisés, structure bois, eau de pluie recyclée, quantité d'espaces verts et, surtout, zéro voiture. Quelques réminiscences de l'époque industrielle sont encore visibles, notamment le château d'eau et la salle des machines, qui abrite désormais le café restaurant Amsterdam.

Van Hallstraat et Haarlemmerstraat • www.gwl-terrein.nl

❺ MUSEUM HET SCHIP★★★

Musée d'Architecture

De l'extérieur, ces fameuses briques pourraient être l'emblème de la ville. Mais elles prennent une autre forme ici, le bâtiment relevant de l'époque de l'école d'Amsterdam (voir p. 36), un courant d'architecture du début du XXe s. L'immeuble massif, duquel surgissent d'étroites tours, fut construit entre 1911 et 1923 pour loger les ouvriers. Il abrite un musée qui vous permettra d'en savoir plus sur ce courant architectural. Et surtout, vous pourrez découvrir l'intérieur de la poste, conservée à l'identique, ainsi que deux appartements décorés dans l'esprit des années 1920. Tous les jours, une visite guidée du quartier est proposée en anglais. N'hésitez pas à faire un détour par la petite cité-jardin, située rue Hembrugstraat (perpendiculaire au musée), qui révèle une autre facette des constructions de l'époque.

Spaarndammerplantsoen, 140 • ☎ 686 685 95 • www.hetschip.nl • Mar.-dim. 11h-17h • Visites guidées à 11h, 12h, 13h, 14h, 15h et 16h (celle de 15h est en anglais) • Entrée : 12,50 €.

9 Rembrandtplein, OPULENT ET FESTIF

● Restos & bistrots p. 122 ● Bars, clubs & sorties p. 149 ● Boutiques p. 171

Entre l'Amstel et le Keizersgracht, deux ambiances se côtoient. En journée, place à la flânerie en bord de canal ombragé, pour admirer les opulentes façades de demeures patriciennes. Certaines ouvrent leurs portes et dévoilent leurs secrets aux passants. Puis vient la nuit : les guirlandes illuminent l'enfilade des sept ponts de Reguliersgracht, les noctambules envahissent les rues, les rires fusent depuis les terrasses des bars gays, des fast-foods et des nombreux restaurants.

❶ MUSEUM WILLET-HOLTHUYSEN★★★

Musée Willet-Holthuysen

Cette demeure patricienne du XVIIe s. fut habitée par le riche importateur de charbon Pieter Holthuysen, puis par sa fille Louise et son époux, Abraham Willet. Grand amateur d'art et de festins mondains, le couple constitua une riche collection de peintures, de porcelaine, de mobilier et de bibelots qui permet de découvrir la période du Siècle d'or. La cuisine, restaurée dans le style du XVIIIe s., a été reconstituée avec son évier en granit et ses ustensiles en cuivre. Le salon bleu damassé recèle une belle collection de porcelaine, dont quelques vases de la dynastie des Qing (1662-1722). La salle à manger permet quant à elle d'admirer un impressionnant service de table de Meissen de 275 pièces, assorti de verres gravés. La visite se poursuit à l'étage avec la collection d'argenterie, un salon des antiquités dans le style de la Renaissance hollandaise et un cabinet de collectionneur et son impressionnant fonds de tableaux.

Herengracht, 605 • ☎ 523 18 22 • www.willetholthuysen.nl • Lun.-ven. 10h-17h, sam.-dim. 11h-17h ; f. 1er janv., 27 avr. et 25 déc. • Entrée : 9 €.

Rembrandtplein

❷ REMBRANDTPLEIN★

Place Rembrandt

Place de l'ancien marché au beurre, elle a été rebaptisée du nom du grand maître du Siècle d'or dont la statue trône au centre. Aujourd'hui entièrement bordée de cafés plus ou moins chic, dont les grandes terrasses se déploient sur la rue, elle est l'un des lieux de rendez-vous de la jeunesse.

❸ TASSENMUSEUM HENDRIKJE★

Musée du Sac

Dans cette belle maison de canal (1664) est rassemblée la collection très insolite de sacs à main et d'accessoires collectée par l'antiquaire Hendrikje Ivo. On y verra une pochette en forme de paquebot, créée à l'occasion de la première traversée transatlantique du *Normandie* en 1935, les sacs surréalistes d'Elsa Schiaparelli, des bourses de mariage Louis XV et des créations de stylistes, dont certaines sont en vente dans la boutique.

Herengracht, 573 • ☎ 524 64 52 • www.tassenmuseum.nl/fr • T.l.j. 10h-17h ; f. 1er janv., 27 avr. et 25 déc. • Entrée : 12,50 €.

❹ CINÉMA TUSCHINSKI*

Derrière une surprenante façade entourée de tourelles se cache l'un des joyaux de l'Art déco amstellodamois. Construit en 1921 par Abraham Icek Tuschinski, un Juif polonais ayant fait fortune en Amérique et mort à Auschwitz en 1942, ce cinéma a conservé boiseries, vitraux, lampes et tapisseries d'époque. Une partie de ce décor est visible en pénétrant dans le hall.

Reguliersbreestraat, 26-34 • Résa : ☎ 0900 14 58 • www.pathe.nl/bioscoop/tuschinski • Visite sur r.-v. (rondleidingen@pathe.nl) ; audiotour en anglais de 45 min • T.l.j. 9h30-11h30 • Entrée : 10 € (visite et café ou thé).

❺ DE BAZEL*

Siège des archives de la ville, c'est un témoignage de l'effervescence

Pause typique chez Van Dobben

Le temps semble s'être arrêté dans cet établissement, mélange d'étal de boucherie et de café sans prétention. Derrière le long comptoir réfrigéré, on vous prépare de la soupe de pois et des sandwichs. La spécialité de la maison, depuis plus d'un demi-siècle, ce sont les *kroketten*, ces préparations à base de pomme de terre et de viande, roulées en cylindres, panées et frites. Ici, on les déguste sur une tranche de pain (*broodje kroket* : 3,85 €).

● 42 • **Korte Reguliersdwarsstraat, 5-9 • ☎ 624 42 00 • www.eetsalonvandobben.nl • Lun.-mer. 10h-21h, jeu. 10h-1h, ven.-sam. 10h-2h, dim. 10h30-20h.**

Museum Van Loon

architecturale qui régnait à Amsterdam dans les années 1920. Sur 100 m et dix étages s'étend cette masse polychrome et absolument géométrique dessinée par Karel De Bazel.

Vijzelstraat, 32 • ☎ 251 15 11 • www.amsterdam.nl/stadsarchief • Mar.-ven. 10h-17h, sam.-dim. 12h-17h • Accès libre sf expositions temporaires.

6 FOAM**

Musée de la Photographie

Trois maisons du XVIIIe s. et leurs jardins ont été réunis grâce à un savant jeu de passerelles par l'architecte Benthem Crouwel pour héberger la Fondation Van den Ende, sorte de mécène du musée. Nouvelle plate-forme des arts visuels, ce lieu ultra-contemporain expose, par rotation de trois mois, les clichés et vidéos des plus grands photographes internationaux. Dans la bibliothèque sont accrochées les œuvres de jeunes talents, pour l'instant (encore) inconnus.

Keizersgracht, 609 • ☎ 551 65 00 • www.foam.org/francais • Sam.-mer. 10h-18h, jeu.-ven. 10h-21h • Entrée : 11 €.

7 MUSEUM VAN LOON***

En ouvrant les portes de sa demeure familiale, l'héritier Van Loon vous convie dans l'univers feutré des patriciens du XVIIIe s. Parfaitement entretenue, cette vaste maison raconte la vie d'autrefois de cette grande famille bourgeoise. Au fond de l'agréable jardin, l'écurie est également ouverte à la visite. Elle abrite un carrosse, mais aussi un petit café où l'on peut se réchauffer près du poêle en hiver.

Keizersgracht, 672 • ☎ 624 52 55 • www.museumvanloon.nl • T.l.j. 10h-17h ; f. 1er janv., 27 avr. et 25 déc. • Entrée : 9 €.

10 Negen Straatjes, TEMPLE DU SHOPPING

● Restos & bistrots p. 123 ● Bars, clubs & sorties p. 149 ● Boutiques p. 174

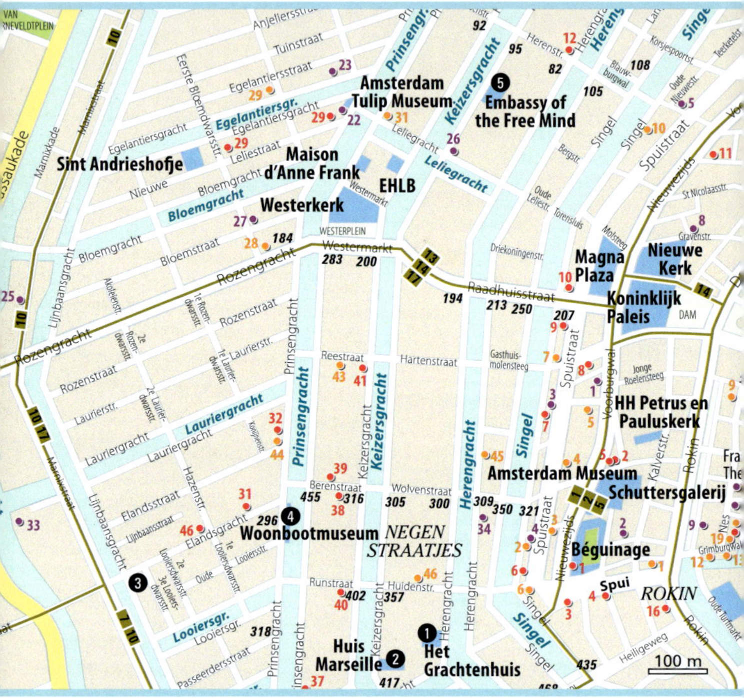

Dans ce quartier en pleine effervescence, dont le nom signifie « les neufs ruelles », ont élu domicile concept stores, bars à jus et griffes contemporaines. Autrefois, ces neuf rues, situées au cœur d'une zone résidentielle paisible, étaient les seules à autoriser l'installation de restaurants et de cafés. Les règles ont changé mais cet atypique carré continue de se démarquer par son dynamisme et son oreille attentive aux tendances.

Het Grachtenhuis

❶ HET GRACHTENHUIS**

Musée des Canaux

Ce musée propose un intéressant parcours audioguidé (en français) de 40 min pour comprendre l'importance des canaux dans la ville. Entre animations et reconstitutions, le visiteur pourra ainsi appréhender les moments clés de l'extension d'Amsterdam, qui démarra en 1619. Le rez-de-chaussée est consacré à l'histoire de la famille Vingboons, dont faisait partie l'architecte de cette maison et qui entretint des liens étroits avec les États-Unis.

Herengracht, 386 • ☎ 421 16 56 • www.hetgrachtenhuis.nl • Mar.-dim. 10h-17h, f. 27 avr. • Entrée : 12 €.

Pause gourmande chez Pompadour

Le Tout-Amsterdam se bouscule dans cette pâtisserie-chocolaterie et vient y acheter des gâteaux, des chocolats et des caramels faits maison. Le salon de thé attenant est toujours bondé l'après-midi, quand ces dames viennent faire une pause sucrée entre deux emplettes.

● 46 • Huidenstraat, 12 • ☎ 623 95 54 • www.pompadour-amsterdam.nl • Lun.-ven. 10h-18h, sam. 9h-18h, dim. 12h-18h • Quiche : 7,50 €.

❷ HUIS MARSEILLE - MUSEUM FOR PHOTOGRAPHY*

Le musée, dédié à la photographie internationale, a ouvert ses portes en 1999, au sein d'une maison patricienne. Cette dernière fut construite pour un négociant français nommé Isaac Focquier, qui fit fortune grâce à des échanges entre Amsterdam et Marseille, d'où son nom. Au-delà des riches expositions de clichés, renouvelés tous les trois mois, la fresque d'*Apollon, Minerve et les sept Muses* signée Jacob de Wit mérite également le détour, autant que la maison en elle-même et son magnifique jardin.

Keizersgracht, 401 • ☎ 531 89 89 • www.huismarseille.nl • mar.-dim. 11h-18h • Entrée : 8 €.

Huis Marseille

❸ ANTIEKCENTRUM AMSTERDAM*

Marché d'art et d'antiquités

Dans cette immense galerie (1750 m²), plus de 150 exposants proposent toute l'année une sorte de brocante permanente (bijoux, argenterie, vaisselle, petits meubles, objets déco...) où les prix sont affichés et où l'on marchande rarement. C'est le week-end et le mercredi que l'on a le plus de chances de trouver la pièce rare à bon prix sur l'un des étals des marchands occasionnels, installés en extérieur.

Elandsgracht, 109 • ☎ 624 90 38 • www.antiekcentrumamsterdam.nl • Lun. et mer.-ven. 11h-18h, sam.-dim. 11h-17h.

❹ WOONBOOTMUSEUM*

Musée de la Péniche

Vous avez toujours rêvé de découvrir à quoi ressemble la vie sur une péniche ? Montez à bord du *Hendrika Maria*. L'embarcation vit le jour au début du XXe s. et assura le transport de sable et de gravier avant d'être transformée en bateau d'habitation, puis en musée. Vous y découvrirez les couchettes étroites, le léger ressac, les règles municipales particulières et toutes les subtilités d'un quotidien flottant.

Prinsengracht, 296K • ☎ 427 07 50 • www.houseboatmuseum.nl • Mar.-dim. 10h-17h, ouv. lun. en juil.-août ; f. 1er janv. et trois semaines en janv., 27 avr., 1er sam. d'août, 25-26 déc. • Entrée : 4,50 €.

❺ EMBASSY OF THE FREE MIND*

L'un des derniers nés des musées amstellodamois, Embassy of the Free Mind, a pour ambition d'encourager la réflexion. Ce sont 20 000 livres, notamment dans le domaine de la spiritualité, qui ont pris place dans les rayonnages de ce musée-bibliothèque. Vous pouvez vous installer à un bureau pour travailler, feuilleter un ouvrage, ou tout simplement perdre votre regard dans l'un des nombreux tableaux ésotériques accrochés aux murs. Soutenu par l'écrivain américain Dan Brown, ce musée raconte surtout comment les penseurs, de tout temps, ont dû lutter pour exprimer leur point de vue lorsqu'il allait à contre-courant des tendances.

Keizersgracht, 123 • ☎ 6258 079 • www.embassyofthefreemind.com • Mer.-sam. 10h-17h • Entrée : 10 €.

11 Leidseplein, LE CONTRASTÉ

● Restos & bistrots p. 124 ● Bars, clubs & sorties p. 149 ● Boutiques p. 176

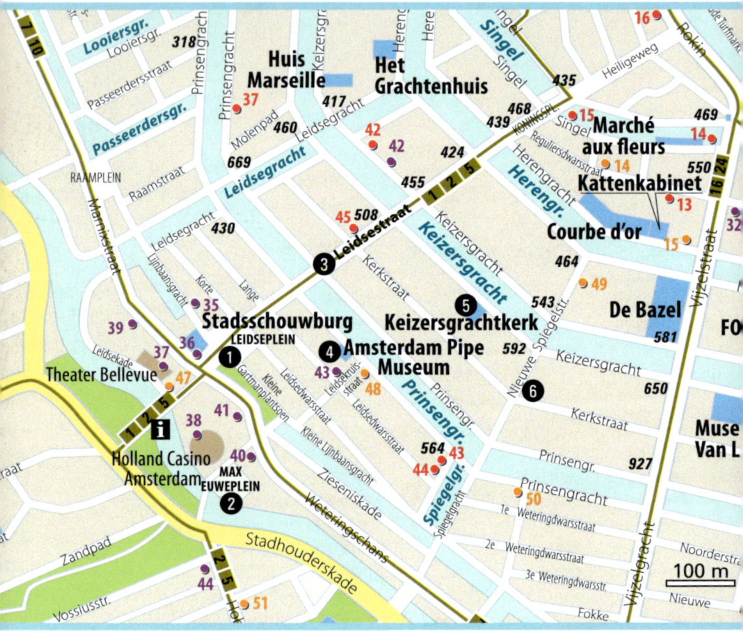

Autour de Leidseplein, les ambiances se succèdent : d'un côté, les quatre-vingts antiquaires installés dans la Nieuwe Spiegelstraat depuis l'inauguration du Rijksmuseum. De l'autre, une place en perpétuel mouvement, où l'on vient boire un verre en terrasse, s'attabler ou bien assister à un spectacle. Et entre les deux, comme un pont entre ces deux ambiances, un mélange bigarré fait de brocanteurs et d'antiquaires parfois un peu farceurs, qui jouent avec leurs vitrines pour se démarquer et attirer le regard des passants.

❶ LEIDSEPLEIN**

Cette place est l'un des points névralgiques de la nuit amstellodamoise, riche en bars et en fast-foods. C'est là que trône le **Stadsschouwburg**, le théâtre de la ville, construit en 1894 dans un style néo-Renaissance. À quelques pas, le petit parc Leidsebosje abrite l'une des œuvres les plus insolites de la ville : un tout petit scieur sculpté dans le métal et posé sur une branche pour attirer les curieux.

Leidseplein

❷ MAX EUWEPLEIN*

Quand la ville a décidé de dédier une place au plus important joueur d'échecs néerlandais, champion du monde entre 1935 et 1937, elle a vu les choses en grand. Un

Max Euweplein

échiquier géant a été dessiné et installé dans cet espace public ; des joueurs de tous niveaux s'y affrontent en permanence.

❸ LEIDSESTRAAT*

Centrale et animée, cette artère piétonne est majoritairement composée de boutiques. Certaines, comme Abercrombie & Fitch, sont installées dans d'admirables bâtiments (nos 32-34). Connu sous le nom de Metz & Co, en référence au grand magasin de luxe qui l'occupait jusqu'en 2012, l'immeuble fut commandé par la New York Life Insurance Company, qui souhaitait une réplique de son antenne viennoise. Un peu plus loin, au croisement avec le Herengracht, une jolie façade Art nouveau sort également du lot.

❹ AMSTERDAM PIPE MUSEUM*

Musée de la Pipe

Pipes en écume de mer, en bois, en terre cuite ou en porcelaine, pipes ethnographiques des cinq continents, tabatières, boîtes à cigares, à bétel et à opium, narguilés, pipes à opium... La boutique du musée est le paradis des collectionneurs.

Prinsengracht, 488 • ☎ 421 17 79 • www.pipemuseum.nl • Lun.-sam. 12h-18h (ou sur r.-v.) • Entrée (musée) : 10 €.

Leidsestraat

❺ KEIZERSGRACHTKERK**

Église du Canal des Empereurs

Derrière une façade ultra discrète, au style néogothique, se cache une église datant de 1888. Construite sur trois niveaux et encadrée par deux rangées de balcons, elle a la particularité d'avoir de grandes fenêtres laissant entrer la lumière du jour. Grâce à son excellente acoustique, elle accueille régulièrement des orchestres dans sa nef.

Keizersgracht, 566 • ☎ 626 68 68 • www.keizersgrachtkerk.nl • Office : dim. à 10h30 • Entrée libre.

❻ SPIEGELKWARTIER**

Le « quartier du miroir » se concentre autour des rues Spiegelgracht et Nieuwe Spiegelstraat. À l'ombre des grands musées de la ville, c'est la zone la plus prisée par les amoureux d'art et d'antiquités. Les galeries y fleurissent et satisfont à tous les goûts, à l'image de Spiegel (Nieuwe Spiegelstraat, 2A) : cette adresse est aussi bien une galerie qu'un magasin dédié au design hollandais.

Spiegelgracht et Nieuwe Spiegelstraat.

Pause bistrot au Buffet Van Odette

On vient dans ce petit café cosy pour les salades aux légumes de saison, lentilles et graines de couscous (13,50-17,50 €), ou pour l'omelette au fromage truffé (9,50 €). Le gâteau moelleux Sticky Toffee (5 €) à base de dattes et servi avec un coulis de caramel est délicieux. En prime, terrasse au soleil en bord de canal pour les beaux jours.

● 50 • Prinsengracht, 598 • ☎ 423 60 34 • www.buffet-amsterdam.nl • Mer.-lun. 12h-minuit.

12 Le quartier des musées ET VONDELPARK

● Restos & bistrots p. 125 ● Bars, clubs & sorties p. 151 ● Boutiques p. 177

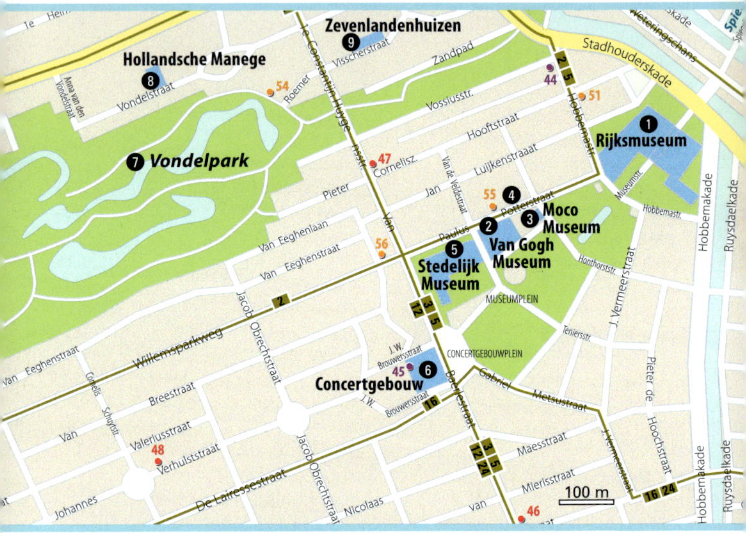

Un quartier cossu se cache entre les grandes pelouses qui entourent les plus beaux musées de la capitale et celles de Vondelpark, où il fait bon flâner au bord des étangs. Les enseignes de luxe se succèdent dans des rues symétriques où tout est en ordre. Le Van Gogh Museum et le Stedelijk Museum viennent semer un peu de folie dans cet univers feutré, par leur architecture et leur muséographie.

❶ RIJKSMUSEUM★★★

Musée national

Le bâtiment, dessiné par Pierre Cuypers à la fin du XIXᵉ s., abrite la collection d'art la plus importante du pays. Aux côtés de *La Ronde de nuit* de Rembrandt, ce sont 8 000 pièces qui sont exposées, recouvrant huit siècles d'histoire de l'art. Le passé hollandais est fortement représenté et

Rijksmuseum

côtoie des œuvres étrangères. Petite particularité : une piste cyclable traverse l'entrée du musée, rénové en 2013 !

Le bâtiment

Mêlant style Renaissance et touches gothiques appuyées, le bâtiment fut inauguré en 1885 pour accueillir diverses collections nationales. La rénovation de 2013 a entre autres permis de dégager les immenses cours intérieures, sous verrières, de mettre au jour des décors intérieurs cachés par un badigeon blanc et de recréer un sol en *terrazzo* dans la Galerie d'honneur.

La collection

L'étage le plus emblématique est le deuxième, dédié au Siècle d'or, avec ses allures de nef et ses chapelles latérales. On peut admirer la milice bourgeoise de *La Ronde de nuit* parmi la vingtaine de Rembrandt, ainsi que des Hals, Vermeer ou Steen. C'est là que se trouve une impressionnante collection de maisons de poupée ainsi que de formidables pièces de porcelaine de Delft. Au troisième étage, le XXe s. est à l'honneur. Piet Mondrian, Jan Sluijters, Bart Van der Leck sont exposés, dans un savant mélange de toiles, de mobilier d'époque, de faïences et même... un petit avion à réaction ! Enfin, au premier étage, la période 1700-1900 est présentée à travers les œuvres de Van Gogh et des informations sur l'habitat au XVIIIe s. Le niveau zéro s'intéresse quant à lui aux siècles antérieurs et mène au pavillon asiatique.

Museumstraat, 1 • ☎ 674 70 00 • www.rijksmuseum.nl • T.l.j. 9h-17h (dernière entrée 30 min avt) • Voir p. 25 « Nos conseils de visite pour gagner du temps » • Entrée : 17,50 € • Audioguides en français, dépliants en anglais • Astuce : téléchargez l'application développée par le musée pour accéder à des parcours guidés.

❷ VAN GOGH MUSEUM★★★

Musée Van Gogh

C'est la collection la plus complète au monde ! Elle compte 200 tableaux, 550 esquisses et de très nombreux dessins de ce peintre hors du commun, qui traduisait son humeur en couleurs : sombre parmi les mangeurs de patates du Brabant, éclatante de jaune et de bleu en Provence, jusqu'aux rouges et aux noirs de son *Champ de blé aux corbeaux*. Le musée vous propose une visite chronologique des œuvres de Van Gogh. Aussi, vous parcourrez sa vie et ses périodes marquées par les lieux où il vécut.

Nuenen

De ces deux années passées aux Pays-Bas dans la maison paternelle (déc. 1883-nov. 1885), il faut retenir *Les Mangeurs de pommes de terre* (1885). Cette toile répond au désir de Vincent Van Gogh de peindre la vie des paysans et de mettre en scène la misérable condition de l'homme. Dans cet intérieur obscur, seule une petite flamme permet de distinguer le décor et les visages des personnages.

Paris

Lors de son séjour à Paris (1886-1888), Van Gogh rencontre les impressionnistes Monet et Degas. À cette époque, il peint énormément de paysages, de natures mortes, des bouquets et plusieurs autoportraits (dont *Autoportrait au chapeau de paille*) dans lesquels les couleurs s'intensifient sensiblement.

Arles

Il s'agit de la période la plus productive du peintre : près de 200 peintures et plus de 100 dessins de février 1888 à mai 1889. La nature qui l'entoure devient le principal sujet de ses toiles. L'artiste se réjouit de la qualité de la lumière provençale, et le jaune, devenu le symbole de la foi et de l'espérance, inonde ses tableaux comme *Tournesols* ou *La Maison jaune*.

Auvers-sur-Oise

Malgré un séjour à l'asile de Saint-Rémy, l'état de santé de Van Gogh se dégrade. Sur les conseils de son frère, il part se réfugier aux côtés du docteur Gachet à Auvers-sur-Oise. Mais la solitude l'accable et le 27 juillet 1890, quelques semaines après avoir peint des paysages tourmentés dont le *Champ de blé aux corbeaux*, il se tire une balle dans la poitrine et meurt deux jours plus tard.

Museumpkein, 6 • ☎ 570 52 00 • www.vangoghmuseum.nl • Sam.-jeu. 9h-18h (17h nov.-janv.), ven. 9h-21h • Entrée : 18 €. Billets en vente uniquement sur le site Internet, y compris pour les détenteurs de la I Amsterdam City Card (voir p. 191) • Résa à l'avance conseillée car le nombre de billets est limité pour chaque plage horaire.

❸ MOCO MUSEUM*

Le musée Moco (pour Moderne Contemporain) met en lumière les œuvres des artistes contemporains qui font la Une : Banksy, Warhol et Basquiat. On doit cette initiative à un couple de galeristes, Lionel et Kim Logchies, qui ont obtenu des prêts de pièces exclusives qui étaient jusque-là dissimulées dans des collections personnelles. Cela explique le côté hétéroclite, voire répétitif des œuvres exposées (notamment pour Banksy). Pour autant, l'ambiance du lieu et le sentiment de toucher du doigt le mystère Banksy donnent du charme à ce musée.

Honthorststraat, 20 • ☎ 370 1997 • www.mocomuseum.nl • T.l.j. 10h-18h • Entrée : 12,50 €.

❹ HOUSE OF BOLS, COCKTAIL & GENEVER EXPERIENCE**

Une halte... désaltérante ! Fondée en 1575, c'est la plus ancienne distillerie du monde. La maison Bols exporte ses liqueurs et genièvres dans le monde entier. À la découverte de son histoire, on effectue un parcours ludique qui sollicite les cinq sens. En fin de visite, on tapote sur un ordinateur ses préférences (fruits, épices, alcools forts ou plus légers) avant de déguster son cocktail « idéal ».

Paulus Potterstraat, 14 • ☎ 570 85 75 • www.houseofbols.com • Dim.-jeu. 13h-18h30, ven.-sam. 13h-21h • Entrée : 16 € (1 cocktail inclus).

❺ STEDELIJK MUSEUM***

Musée d'Art moderne et contemporain

Créé en 1895, le Stedelijk est le plus grand musée d'art moderne et contemporain des Pays-Bas. Ses escaliers virent défiler les figures majeures de l'avant-garde et sa nouvelle extension, réalisée par le cabinet d'architectes Benthem Crouwel, fascine presque autant que la vaste collection. Le fonds est tel que les 25 000 m² d'expositions n'y suffisent pas et que les roulements sont réguliers. Le rez-de-chaussée se consacre en partie aux arts appliqués. L'artisanat des XXe et

Stedelijk Museum

XXIe s. y est mis en scène et une large place est donnée au design hollandais, notamment au travail minimaliste de Gerrit Rietveld et à ses successeurs Piet Hein Eek, Gerard Van den Berg, Martin Visser et bien d'autres. L'ensemble côtoie la présentation de la collection d'art moderne de 1870 à 1960. Aux côtés des expressionnistes allemands tels Vassily Kandinsky, des membres de l'école de La Haye ou des Van Gogh et Chagall, le russe Kasimir Malevitch se voit offrir une place de choix.

De Stijl et CoBrA

Autre singularité du musée : le mouvement hollandais *De Stijl*, dans lequel s'inscrivit Piet Mondrian, est largement développé. Mêlant des réflexions sur l'architecture et sur les arts plastiques et graphiques au sens large, *De Stijl* marqua le tournant des années 1920. Le Stedelijk fut également l'un des premiers musées à mettre en avant l'œuvre du collectif européen CoBrA (Pierre Alechinsky, Karel Appel, Corneille, Asger Jorn...).

Avant-garde

C'est ici que naquit la méthode d'exposition sur murs blancs, dite « *white box* », qui essaima ensuite dans le monde. Avec la même volonté de devancer les tendances (et un goût pour la provocation), l'étage se centre sur la création contemporaine. Toutes les œuvres produites après 1960 se retrouvent sur ce niveau. On y admire donc autant des Matisse, Andy Warhol, Jean Tinguely et Yves Klein que des Jeff Koons ou Dan Flavin. Et Steve McQueen s'y expose au même titre que Vito Acconci ou Bill Viola.

Architecture singulière

En 2012, le bâtiment de style néo-Renaissance hollandaise, signé A. W. Weissman et datant de 1895, s'est vu offrir une imposante extension moderne. D'un volume comparable à celui de l'immeuble historique, l'annexe en résine blanche au design épuré contraste avec les lignes anciennes et chargées du quartier. Sa forme particulière lui a d'emblée valu le surnom de « la baignoire ». Elle a été dessinée par Mels Crouwel, architecte néerlandais ayant également travaillé à la rénovation de la maison d'Anne Frank.
Museumplein, 10 • ☎ 573 29 11 • www.stedelijk.nl • T.l.j. 10h-18h (22h ven.) • Entrée : 17,50 €.

❻ CONCERTGEBOUW**

En 1888, Amsterdam s'offrait une toute nouvelle salle de concert plantée sur pilotis. Derrière sa façade néoclassique se cache un auditorium à l'acoustique exceptionnelle. Dans le hall, un superbe lustre fabriqué à partir des anciens lustres refondus, a été conçu par des artistes locaux lors de la rénovation du bâtiment. Le mercredi à 11h30, des *lunchtime concerts* sont donnés

Pause méditerranéenne chez Pompa

Une agréable adresse pour se restaurer dans le quartier, en dehors des cantines de musées. Le menu, inspiré par la cuisine italienne, fait quelques incursions dans les autres terroirs méditerranéens, avec notamment un large assortiment de tapas (3-7,50 €). Pâtes fraîches (12-16,50 €), salades et plats chauds (escalope de poulet, burger...) sont au menu toute la journée. Le midi, il est également possible de piocher parmi la dizaine de paninis (dès 6 €).

56 • Willemsparkweg, 6 • ☎ 662 62 06 • www.pompa-restaurant.nl • T.l.j. 9h-22h.

gratuitement. Il faut tout de même réserver sa place sur le site.

Concertgebouwplein, 2-10 • ☎ 573 05 73 • www.concertgebouw.nl • Lun.-ven. 13h-19h, sam.-dim. 10h-19h • Visites guidées en anglais, consulter le site • Concerts : p. 151.

7 VONDELPARK★★

Avec ses 48 ha de verdure, ce parc est le rendez-vous des sportifs, promeneurs et dormeurs. Les arbres majestueux, les pelouses à l'anglaise, le kiosque à musique, le théâtre de verdure et les plans d'eau forment un ensemble agréable aux beaux jours. Dans un pavillon du XIXe s. est aménagé un café-restaurant, le Vondelpark3 (voir p. 126). Ne manquez pas les projections en plein air et les concerts gratuits l'été. Et ne partez surtout pas sans avoir vu l'œuvre abstraite en béton signée Picasso, offerte pour le centenaire du parc, en 1965. Nommée *Figure découpée - L'oiseau*, elle est surnommée « The Fish » par les locaux.

1e Constantijn Huygensstraat.

8 HOLLANDSCHE MANEGE★★

Le lourd portail franchi, l'odeur musquée des chevaux au travail vous attend. La surprise est totale devant l'ampleur du manège, doté d'une loge impériale. Recouvert d'une toiture en métal, il est inspiré de l'école espagnole d'équitation de Vienne et il accueille des cavaliers depuis 1882.

Vondelstraat, 140 • ☎ 618 09 42 • www.dehollandschemanege.nl • T.l.j. 10h-17h • Entrée : 8 € (café ou thé inclus).

9 ZEVENLANDEN-HUIZEN★

L'architecte Tjeerd Kuipers a dessiné, en 1894, sept maisons mitoyennes. Destinées à un banquier en quête d'exotisme, elles s'inspirent de différents styles attribués aux grands pays européens de l'époque : la France, l'Allemagne, la Russie, l'Italie, l'Angleterre, l'Espagne et les Pays-Bas.

Roemer Visscherstraat, 20-30A.

13 De Pijp, LES QUARTIERS SUD

● Restos & bistrots p. 127 ● Bars, clubs & sorties p. 152 ● Boutiques p. 179

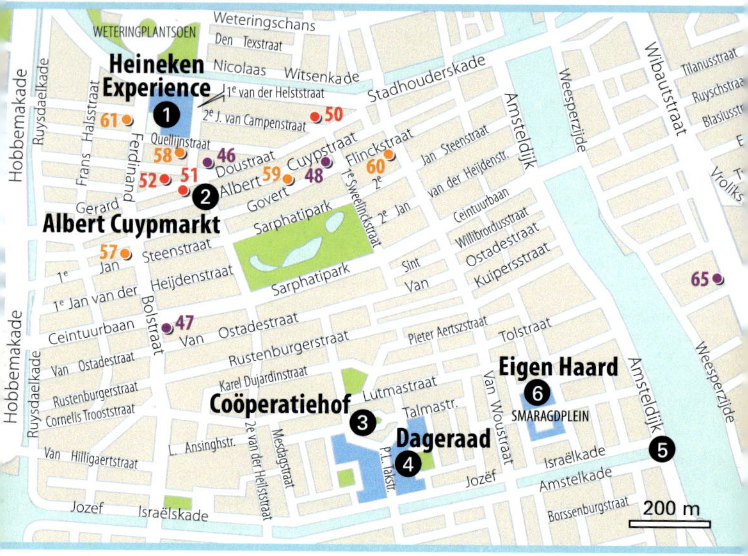

Sans conteste, c'est l'un des quartiers qui montent ! Il y a quelques années, ses rues étroites et ses maisons serrées lui ont valu son nom, *pijp* signifiant « tuyau ». Désormais, on se battrait presque pour y loger ! Si la population est toujours aussi cosmopolite, de nombreux jeunes travailleurs sont venus cohabiter avec les Turcs, Marocains, Surinamais ou Moluquois qui ont fait l'âme des lieux. Outre pour son marché populaire, le quartier mérite le détour pour ses complexes immobiliers dessinés dans les années 1920 par les architectes de l'école d'Amsterdam, et pour les nombreuses boutiques trendy qui y fleurissent.

❶ HEINEKEN EXPERIENCE★

La plus célèbre des brasseries hollandaises a déménagé ses cuves dans une usine plus moderne à l'extérieur de la ville et l'ancien édifice a été converti en musée de la bière. On y apprend une foule de détails sur l'histoire de la marque et surtout sur les étapes de fabrication de la boisson, le tout mis en valeur par une scénographie interactive et ponctué par la dégustation d'une bière servie, évidemment, dans les règles de l'art.

Stadhouderskade, 78 • À l'angle de F. Bolstraat • ☎ 523 92 22 • www.heinekenexperience.com • T.l.j. 10h30-19h • Entrée : 18 € (16 € en ligne).

❷ ALBERT CUYPMARKT★★

Marché Albert-Cuyp

C'est, depuis 1905, le plus fréquenté, le plus populaire et le plus cosmopolite des marchés d'Amsterdam. Ses quelque 300 éventaires proposent sur 2 km des vêtements et du tissu au mètre aussi bien que du poisson, du fromage, des fleurs, des fruits et des légumes. Profitez d'être sur le marché pour faire un crochet par la place Gerard Dou, au croisement

Heineken Experience

de Eerste van der Helstraat et Gerard Doustraat. Baptisée ainsi en l'honneur du peintre néerlandais du Siècle d'or, ornée de trois colonnes conçues par Henk Duijn, elle est l'une des places les plus vivantes du quartier De Pijp.

Albert Cuypstraat • Lun.-sam. 9h-18h.

❸ COÖPERATIEHOF*

Cour de la Coopération

Fidèle à la tradition du *hof* hollandais, sorte de cour symétrique encadrée d'habitations pour les nécessiteux, cet ensemble est dominé non par une église, mais par le clocher de la bibliothèque publique. Sur la façade, livres et clés sont les symboles de l'émancipation ouvrière par le savoir.

Entrée par la Talmastraat.

❹ DAGERAAD***

En 1921, une coopérative immobilière socialiste demandait à deux architectes, Michel De Klerk et Peter Lodewijk Kramer, de dresser les plans de 350 logements ouvriers. Les deux bâtiments d'angle de la P. L. Takstraat résument le credo de l'école

Albert Cuypmarkt

Pause pâtisserie chez De taart Van m'n tante

Amateurs de gâteaux et de pièces montées, attendez-vous à en prendre plein les yeux dans ce boudoir kitsch. Dégustez les créations de Siemon et Noam (env. 5 € la part) accompagnées d'une tasse de thé. À l'heure du déjeuner, en semaine, vous trouverez également un assortiment de tartes salées.

61 • Ferdinand Bolstraat, 10 • ☎ 776 46 00 • www.detaart.com • T.l.j. 10h-18h (19h sam.).

d'Amsterdam (voir p. 36), qui régit tout entier cet ensemble en brique : rigueur, verticalité et chromatisme, afin que le beau soit aussi utile.

P. L. Takstraat.

5 P. L. KRAMERBRUG*

Construit entre 1917 et 1921, ce pont classé s'inscrit dans la lignée de l'école d'Amsterdam (voir p. 36). Conçu par Kramer, il a la particularité de présenter des « abris » hexagonaux de part et d'autre. Les sculptures figurant sur la structure furent imaginées par Hildo Krop. Elles représentent des animaux marins ainsi que des chevaliers veillant sur des voiliers, tandis que les ferronneries semblent être inspirées du mouvement de l'eau.

6 EIGEN HAARD**

Il s'agit d'une autre réalisation de l'école d'Amsterdam (voir p. 36), conçue pour le compte de la coopérative Eigen Haard (le Foyer) à partir de 1917. L'école et les logements sociaux sont toujours pensés en fonction d'une rigoureuse symétrie, adoucie par les tons fauves de la brique utilisée de manière tout à fait fantaisiste.

Smaragdplein.

14 Plantage, LA TRANQUILLITÉ

● Restos & bistrots p. 128 ● Bars, clubs & sorties p. 152

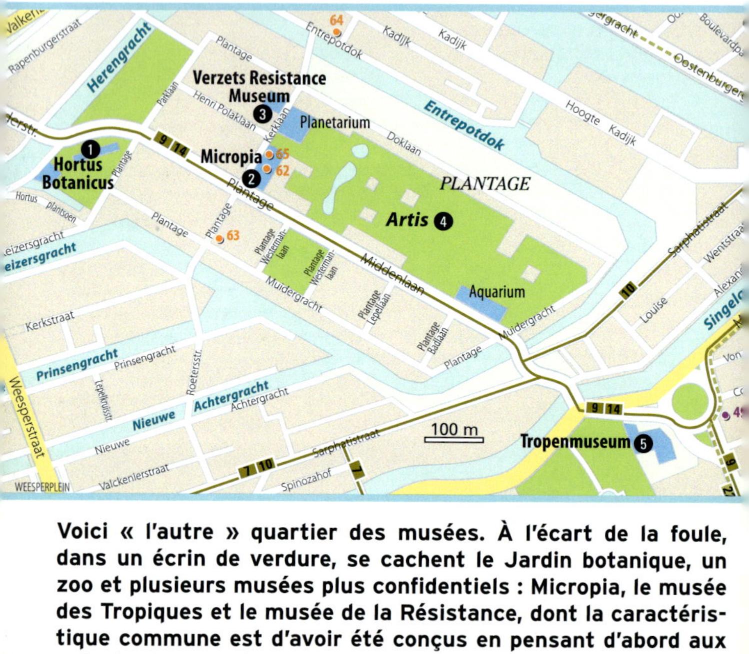

Voici « l'autre » quartier des musées. À l'écart de la foule, dans un écrin de verdure, se cachent le Jardin botanique, un zoo et plusieurs musées plus confidentiels : Micropia, le musée des Tropiques et le musée de la Résistance, dont la caractéristique commune est d'avoir été conçus en pensant d'abord aux enfants. Un quartier paisible, à visiter en famille !

❶ HORTUS BOTANICUS★★

Jardin botanique

C'est à l'initiative de la VOC (Compagnie des Indes orientales) que l'on doit en 1682 la création d'un jardin d'herbes médicinales où l'on tenta d'acclimater peu à peu les plantes exotiques, comme le café et les épices rapportées des colonies. Une orangerie, une palmeraie avec un cycas vieux de quatre siècles et des serres conditionnées à différents climats sont les musts de ce magnifique jardin.

Des plantes médicinales aux épices

En 1682, on transfère dans le nouveau quartier du Plantage l'Hortus Medicus, un petit jardin d'herbes médicinales créé par la faculté de pharmacie en 1638. Le parterre en hémicycle donne une idée de l'aspect original du jardin où les girofliers, canneliers, muscadiers et autres épices ou plantes exotiques rapportées des Moluques par la Compagnie des Indes orientales étaient disposés par espèces. Les botanistes sélectionnaient les plants les plus robustes pour les acclimater dans leurs colonies, comme c'est le cas pour le café, le tabac ou le palmier à huile.

La palmeraie

Le jardin possède 4 000 espèces différentes de plantes, parmi lesquelles une extraordinaire collection de cycas et deux arbres à pain du Cap-Oriental *(Encephalartos altensteinii)*, mâle et femelle, âgés de 300 et 250 ans. Acquis par le roi Guillaume II en 1851, ils figurent parmi les plus anciennes plantes en pot et ont fleuri lors de l'été 1999. Les grands arbres ont été plantés en majorité en 1895.

L'orangerie

Cette serre, construite au XIXe s. pour l'hivernage des variétés de *Citrus*, a servi de salon de

Hortus Botanicus

conférence pour l'université d'Amsterdam, et même de lieu d'exposition de la collection de 62 espèces d'animaux sauvages de Louis Bonaparte, éphémère roi de Hollande. C'est aujourd'hui un lieu idéal pour déjeuner au calme ou prendre le thé.

Plantage Middenlaan, 2A • ☎ 625 90 21 • www.dehortus.nl • T.l.j. 10h-17h (19h dim. en juil.-août) ; f. 1er janv. et 25 déc. • Entrée : 9,50 €.

❷ MICROPIA**

Inauguré en 2014, ce musée est dédié à l'univers de l'infiniment petit et, plus spécifiquement, aux microbes. D'où viennent-ils ? À quoi ressemblent-ils ? Quel est leur rôle par rapport à la planète et à l'être humain ? Voilà quelques-unes des questions auxquelles répond la visite. Un laboratoire est installé dans l'enceinte du musée, derrière une vitre. Il s'occupe de la culture des micro-organismes vivants qui sont présentés aux visiteurs sous différents appareils d'observation. Actuellement, les éléments de visite ne sont disponibles qu'en néerlandais et en anglais, mais des vidéos permettent aux francophones d'appréhender l'essentiel.

Plantage Kerklaan, 38-40 • ☎ 523 36 71 • www.micropia.nl • Dim.-mer. 9h-18h, jeu.-sam. 9h-20h • Entrée : 15 € (billet combiné avec le zoo d'Artis : 28,50 €).

❸ VERZETS RESISTANCE MUSEUM***

Musée de la Résistance

Grâce à une muséographie soigneusement étudiée, on pénètre dans ce musée comme on pénètre dans l'Histoire. Enveloppé dans une légère pénombre, le visiteur parcourt des mises en scène où il peut étudier des objets témoins, et surtout disposer des explications en français grâce à un audioguide gratuit. Le clou de la visite revient à l'espace dédié aux enfants : agencées comme un petit village, quatre habitations sont autour d'une place. Autant

Pause pub chez Borrl Kitchen

Face à Micropia, Borrl offre une jolie terrasse sur le trottoir et de grandes tablées à l'intérieur, dans une ambiance pub revisitée à la sauce industrielle et cosy. Au menu : des plats à partager en mode *finger food* (yakitori, *bitterballen*, 6-9 €), de copieux burgers ou des sandwichs (testez le bagel saumon fumé à 11 €), à arroser de bières locales ou d'une limonade fraîche. Le dimanche, profitez de la formule brunch qui devrait vous caler pour quelques heures...

● 65 • Plantage Kerklaan, 41 • ☎ 020 354 2669 • www.borrl.kitchen • Lun.-dim. 9h-minuit.

Micropia

de lieux pour se mettre dans la peau d'un enfant juif, d'un petit résistant, d'un enfant de collabo ou d'une famille qui n'a pas pris parti. Le carnet de visite distribué aux enfants est en anglais, mais la mise en scène reste très parlante.
Plantage Kerklaan, 61 • ☎ 620 25 35 • www.verzetsmuseum.org • Lun.-ven. 10h-17h, sam.-dim. 11h-17h • Entrée : 11 € (audioguide gratuit en français).

❹ ARTIS★★

Le plus grand jardin de la ville abrite le zoo où évoluent fauves, flamants, ours polaires, otaries... Il y a aussi un pavillon pour les reptiles, une volière avec des aras et des perroquets multicolores, et un aquarium aux différents bassins d'eau douce et d'eau salée contenant au total 500 espèces de poissons et d'animaux marins : *Le Grand Bleu* en plus petit...
Plantage Kerklaan, 40 • ☎ 0900 278 47 96 • www.artis.nl • Nov.-fév. : t.l.j. 9h-17h ; mars-oct. : t.l.j. 9h-18h • Entrée : 23 € (billet combiné avec Micropia : 28,50 €).

❺ TROPENMUSEUM★★

Musée des Tropiques

Sous la coupole en verre de ce bel immeuble, vous pourrez traverser en moins d'une heure la moitié de la planète. Grâce à des mises en scène grandeur nature et quantité de maquettes, vous serez plongé tour à tour dans la cacophonie de Mumbai et l'animation d'un souk arabe ou d'un village africain. La mise en scène dynamique et moderne emballera même un adolescent rétif, notamment grâce à ses zones participatives et à l'aile réservée au body art à travers le monde.
Linnaeusstraat, 2I • ☎ 88 00 42 800 • www.tropenmuseum.nl • Mar.-dim. 10h-17h ; f. 1er janv., 27 avr. et 25 déc. • Entrée : 15 €.

15 Autour de CENTRAAL STATION

● Restos & bistrots p. 130 ● Bars, clubs & sorties p. 154 ● Boutiques p. 180

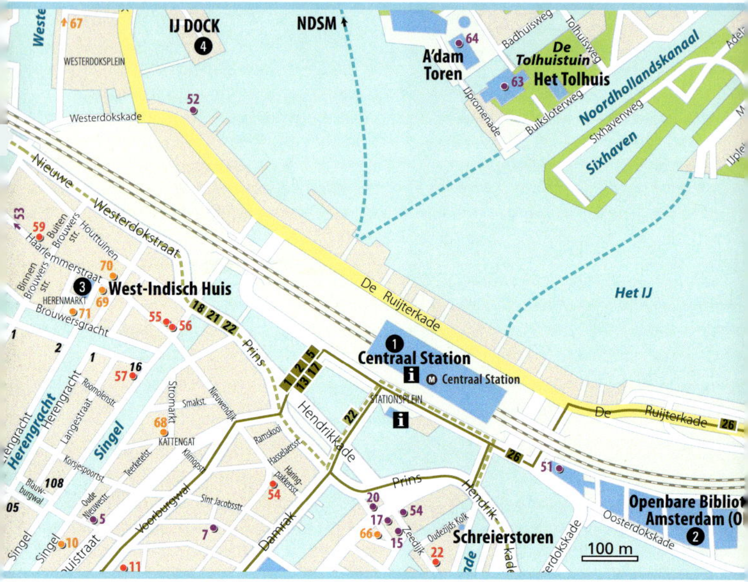

Bien que construite sur une île artificielle, la gare centrale tourne résolument le dos à la mer. Si vous vous écartez du flot de vélos, de trams et de piétons qui montent vers le Dam, vous découvrirez alors des îles couvertes d'entrepôts où viennent s'amarrer de vieux gréements.

❶ CENTRAAL STATION*

Gare centrale

Solidement ancrée dans la mer au moyen de 8 687 pilotis, la gare centrale est un édifice de 300 m : la réalisation de sa façade a été en 1869 un défi relevé par P. J. H. Cuypers, l'architecte qui dessina aussi les plans du Rijksmuseum. C'est à l'intérieur, sur le quai 2, que vous découvrirez son jardin secret, le salon royal, et un restaurant Belle Époque, le Grand-Café 1e Klas. Au rez-de-chaussée, vous trouverez de nombreux commerces ainsi que l'office de tourisme I Amsterdam (voir p. 196). Enfin, si vous souhaitez rejoindre l'autre rive en empruntant les bacs gratuits, traversez la gare et ressortez sur le grand quai au bord de l'eau. Sur la gauche, le terminal de ferry « Amsterdam Centraal Station » vous mène soit à NDSM (voir p. 109), soit dans les quartiers de l'Amsterdam Noord (voir p. 106).

Openbare Bibliotheek Amsterdam

❷ OPENBARE BIBLIOTHEEK AMSTERDAM (OBA)★★

Bibliothèque d'Amsterdam

La bibliothèque d'Amsterdam, dessinée par Jo Coenen, est telle une boîte de béton, de bois et de verre traversée de lumière naturelle. Avec ses 28 000 m², ses rayonnages circulaires et ses écrans où l'on peut surfer sur la Toile, elle se découvre jusqu'au septième étage, où la terrasse offre

Pause café brun chez In 't Aepjen

Il ne reste plus que deux maisons en bois à Amsterdam, et l'une d'elles, construite en 1521, abrite ce café brun. La façade est d'origine et le décor intérieur est tout aussi somptueux, composé de tableaux, lambris, sculptures des XVIIe et XVIIIe s. et de ces anciennes bouteilles de liqueur aux belles étiquettes peintes.

● 54 • Zeedijk, 1 • ☎ 626 84 01 • Dim.-jeu. 12h-1h, ven.-sam. 12h-3h • Bière : 4 €.

IJ Dock

un panorama époustouflant sur la vieille ville et le golfe de l'IJ.
Oosterdokskade, 143 • ☎ 523 09 00 • www.oba.nl • T.l.j. 10h-22h • Visite guidée gratuite sur r.-v. • Accès libre.

❸ WEST-INDISCH HUIS*

Maison de la Compagnie des Indes occidentales

Ancien siège de la réputée Compagnie des Indes occidentales (WIC), à ne pas confondre avec sa rivale la VOC (Compagnie des Indes orientales, voir p. 46). Entièrement rénovée, la maison accueille aujourd'hui des conférences.
Au centre de la cour intérieure, régulièrement accessible, trône une statue de Pieter Stuyvesant, gouverneur de La Nouvelle-Amsterdam, future New York.
Haarlemmerstraat, 75 • Accès libre à la cour, la maison ne se visite pas.

❹ IJ DOCK**

Vaste comme deux terrains de foot, cette presqu'île gagnée sur l'IJ accueille une marina et divers projets architecturaux atypiques. C'est notamment ici que s'est installé l'imposant palais de justice, signé Claus en Kaan. Derrière un volume aux lignes singulières et abstraites, on dénombre 34 000 m² de surface, 19 salles d'audience et 26 cellules, avec une prédominance de marbre italien dans la décoration intérieure.
Accès pour rejoindre ce quartier : traverser la gare et longer De Ruijterkade, l'artère située au bord de l'eau.

Balades sur les canaux

Que serait une visite à Amsterdam sans l'incontournable balade en bateau sur les canaux ? Un certain nombre de compagnies proposent des départs depuis la gare centrale.

HOP ON - HOP OFF BOAT

Comme les bus du même nom, c'est une version navigable qui a été développée à Amsterdam. Deux lignes (bleue ou orange) desservent par les canaux les principaux points d'attraction de la ville. Voir aussi p. 192.

☎ 217 05 00 • www.stromma.nl/fr/amsterdam/sightseeing/croisieres/hop-on-hop-off-boat • Tarifs : 24 €/pers. (valable 24h) ou 27 €/pers. (valable 48h).

OPEN BOAT TOURS

Des bateaux électriques pour une croisière surprise de 75 min, du jeudi au dimanche. Le parcours n'est jamais fixé à l'avance et l'horaire de départ est à confirmer le jour même, pour tenter de toujours avoir la meilleure fenêtre météo possible ! Voir aussi p. 195.

☎ 217 05 00 • www.stromma.nl/fr/amsterdam/sightseeing/croisieres/open-boat-tours • Départs : Stromma Damrak, Pier 6 ; Stromma Keizersgracht ; Stromma Rijksmuseum ; I Amsterdam Visitor centre • Tarif : 19,50 €/pers.

CANDLE LIGHT CRUISE

La version romantique de la croisière... aux chandelles ! Le départ a lieu en face de la gare centrale à la nuit tombée, pour 2h de croisière avec dégustation de vins et de fromages hollandais. Voir aussi p. 194.

Départ : Prins Hendrikkade, 25 (Plan I7) • ☎ 530 10 90 • www.lovers.nl • Tarif : 39 €/pers. Horaires variables selon les périodes : voir p. 194.

PLASTIC WHALE

Envie de conjuguer tourisme et acte citoyen ? Partez à la pêche au plastique avec l'association Plastic Whale. Elle propose des tours de 2h, épuisette à la main, à bord de ses embarcations fabriquées à 100 % à partir de déchets provenant des canaux. Une activité responsable qui permet également de côtoyer des Néerlandais et d'occuper les enfants, ravis de partir à la pêche !

Départ : Keizersgracht, 196 (Plan B2) • www.plasticwhale.com • Tarif : 25 €/pers.

16 Le port et LES ÎLES ORIENTALES

● Restos & bistrots p. 131 ● Bars, clubs & sorties p. 155 ● Boutiques p. 182

Avec son dynamisme et ses projets architecturaux innovants, le nouveau visage de la ville se dévoile à l'est de la gare centrale, le long d'anciens docks et sur les îles Java, KNSM et Bornéo. Ici, les Amstellodamois renouent avec leur passé maritime, investissant les entrepôts et les bâtiments industriels, élevant des complexes modernes ouverts à la lumière. Après le squat, la mode est au design et à la culture hype.

❶ MUSÉE MARITIME***

Het Scheepvaartmuseum

Installé dans les anciens entrepôts de l'arsenal de l'amirauté d'Amsterdam, ce musée possède l'une des plus importantes collections maritimes du monde. Une réplique d'un trois-mâts de la VOC (ouverte à la visite) trône fièrement à côté du bâtiment. Surplombée d'une magnifique verrière moderne s'inspirant de la rose des vents, la cour intérieure fait office de centre névralgique et oriente vers trois ailes. Il est impossible de les découvrir en détail en une seule visite (à moins d'y consacrer la journée). Toutes trois profitent d'une récente rénovation et d'une muséologie multimédia à la pointe. La principale, à l'est, s'ouvre sur la présentation de joyaux cartographiques (atlas, cartes, mappemondes). Sublimée par une illusion de ciel étoilé, une surprenante présentation d'outils de navigation anciens permet de se projeter dans d'étonnants voyages. Cette aile est complétée par des maquettes, des décors de bateaux, une collection de tableaux de maîtres hollandais représentant l'univers maritime et une plongée dans d'anciens albums de voyageurs.

Au nord

Au nord, vous aurez la possibilité de découvrir la vie du port, notamment en prenant place au sein d'un conteneur voyageant de docks en cargos. Si la vidéo n'a pas eu raison de votre pied marin, vous pourrez également monter à bord de la réplique grandeur nature d'un trois-mâts de la VOC *(Indiama)*. *L'Amsterdam* est amarré à côté du bâtiment et permet d'appréhender le quotidien en mer. Face au bateau est conservée la magistrale chaloupe royale dorée, commandée par le roi Guillaume Ier et utilisée pour les grands événements de la monarchie jusqu'en 1962. Vous trouverez aussi le *Christiaan Brunigs*, un brise-glace à vapeur.

Musée maritime

À l'ouest

La zone ouest offre quant à elle de belles perspectives pour des visites en famille, avec une intelligente utilisation de l'interactivité et de l'outil numérique. Les plus téméraires se frotteront à des mammifères géants le temps d'un parcours autour de la chasse à la baleine et aux différents usages de son huile. Un jeu de l'oie revisité permet également aux plus jeunes de monter en grade dans le navire en répondant à des questions, tandis qu'une troisième exposition interactive propose de s'aventurer dans les secrets du Siècle d'or.

Attention, un accompagnateur anglophone est souvent nécessaire pour profiter pleinement de cette section famille (principalement des jeux). Pour le reste du musée, un audioguide en français pallie l'absence d'indications écrites dans la langue de Molière.

Kattenburgerplein, 1 • ☎ 523 22 22 • www.scheepvaartmuseum.nl • T.l.j. 9h-17h ; f. 1er janv., 27 avr. et 25 déc. • Entrée : 16 € • Audioguide en français gratuit.

❷ NEMO★★★

Cité des Sciences

NEMO est le plus grand musée scientifique des Pays-Bas, conçu comme un bateau par l'architecte italien Renzo Piano, l'auteur du Centre Pompidou, à Paris. Son toit offre une très jolie vue sur le vieil Amsterdam (voir p. 11). Ses cinq étages proposent une multitude de découvertes, d'infos et d'activités interactives, toutes liées au monde fascinant de la technologie et des sciences, pour le bonheur des petits comme des grands.

Oosterdok, 2 • ☎ 531 32 33 • www.nemosciencemuseum.nl • Mar.-dim. 10h-17h30, ouv. lun. avr.-août ; f. 1er janv., 27 avr. et 25 déc. • Entrée : 16,50 € (dès 4 ans) • Toit en accès libre (fin juin-début sept. jusqu'à 21h).

❸ ENTREPOTDOK*

Entrepotdok est le plus grand ensemble d'entrepôts réaménagés et habités de la capitale. Sa construction a commencé en 1708. Ces espaces de stockage furent prisés au XIXe s., car ils permettaient d'échapper aux droits de douane exigés par l'État. Dans les années 1980, un projet de logements sociaux vit le jour ; des appartements de luxe suivirent. On trouve encore, sur certains des 84 bâtiments, les noms de villes néerlandaises ou belges desquels ils furent baptisés.

❹ MUZIEKGEBOUW AAN'T IJ*

En 2005, un siècle après le Concertgebouw, le Muziekgebouw fut inauguré en tant que salle de concert du XXIe s. Imposant vaisseau de verre et d'acier ancré face à l'IJ, il accueille des concerts (du classique à l'électronique) et des spectacles multimédias. Au cours de la visite, vous découvrirez les deux salles à capacité et acoustique variables, équipées de la technologie dernier cri, les coulisses, les loges des musiciens et l'envers du décor. Ne manquez surtout pas la pause au Zouthaven, restaurant doté d'une terrasse sur l'eau.

Piet Heinkade, 1 • ☎ 788 20 13 (visite sur r.-v.) • Billetterie : ☎ 788 20 00 • www.muziekgebouw.nl • Lun.-sam. 12h-18h • Café-restaurant : ☎ 788 20 90 • T.l.j. 11h30-23h (minuit les soirs de concert).

❺ LLOYD HOTEL & CULTURAL EMBASSY**

Dessiné par Evert Breman en 1921, ce bâtiment classé servait autrefois de logement de transition pour les migrants modestes, en partance pour le Nouveau Monde. Il fit également office de prison.

Lloyd Hotel

En 2004, la décoratrice Suzanne Oxenaar lui donna un nouveau souffle en le transformant en hôtel (avec un innovant concept de chambres allant de 1 à 5 étoiles) ainsi qu'en « ambassade culturelle ». N'hésitez donc pas à pénétrer dans l'établissement et à visiter ses couloirs, riches d'histoire et d'œuvres de designers contemporains, ou à vous installer dans l'agréable café-restaurant.
Oostelijke Handelskade, 34 • ☎ 561 36 36 • www.lloydhotel.com

❻ BRANTASGRACHT★★

À l'ouest de **Java Eiland,** le petit quartier de Brantasgracht est une réplique miniature de l'Amsterdam du XVIIe s. Autour des quatre étroits canaux transversaux, de charmantes maisons ont été aménagées par de facétieux architectes. La hauteur et la largeur des maisons étant limitées le long de ces canaux (à la différence du reste du quartier où ont été construits des immeubles), les constructeurs se sont amusés avec les façades. Bigarrées, à cadre saillant ou de murs incurvés, elles méritent un coup d'œil !
Java Eiland.

❼ PIRAEUS★

Dessiné par les deux architectes allemands Hans Kollhoff et Christian Rapp en 1994, ce grand bâtiment de brique et de cèdre rouge aux lignes diagonales s'étire le long de l'eau. Il enserre un

Brantasgracht

petit édifice sur piliers, qui était l'ancienne cantine des travailleurs de la compagnie maritime KNSM. Vous trouverez ici des jardins d'hiver, des galeries et des loggias qui surgissent des murs de manière aléatoire. Outre ses 304 logements, cet édifice abrite plusieurs ateliers d'un collectif d'artistes.
Levantkade • KNSM Eiland.

❽ BARCELONA★★

Ce spectaculaire complexe de 325 logements sociaux (construit au début des années 1990) est l'œuvre de l'architecte postmoderne belge Bruno Albert.

Le bâtiment central circulaire, s'ouvrant à la manière d'une salle d'opéra vers la cour intérieure, est fermé, côté quai, par une haute grille en fer forgé dessinée par l'artiste anversois Narcisse Tordoir.
Barcelonaplein et Levantkade • KNSM Eiland.

❾ PYTHONBRUG**

Long de 90 m et réservé aux piétons et aux vélos, ce pont a été développé par West 8 et l'architecte Adriaan Geuze en 2001. Semblable à un reptile métallique, il relie l'île de Bornéo à Sporenburg. La structure rouge emblématique répond à une variante moins incurvée et a remporté le prestigieux International Footbridge Award en 2002.
Entre les îles Bornéo et Sporenburg.

Pause tartines chez Kanis & Meiland

Installé dans d'anciens locaux de la compagnie maritime KNSM, Kanis charme les insulaires et les visiteurs de passage avec son large espace ouvert et sa terrasse sur la mer. Le midi, une dizaine de variations autour de la tartine rivalisent de couleurs (dès 5 €). Elles font place aux tartes aux pommes l'après-midi (4 €) et, à l'apéritif, aux bières locales.

● 73 • Levantkade, 127 • ☎ 737 06 74 • www.kanisenmeiland.nl • Lun.-ven. 9h30-1h, sam. 10h-1h, dim. 10h-minuit.

Pythonbrug

Un art de vivre

Afin de pallier le manque de logements dans une ville qui a conservé presque intacte sa structure organique datant du Siècle d'or, les Amstellodamois ont dû faire appel à leur imagination et à leur sens pratique. Pionniers de l'aménagement de nouveaux espaces, ils ont inventé le loft et le *houseboat*. La réhabilitation des *hofjes*, anciens hospices, est un autre exemple de création de logements originaux.

L'ESPRIT LOFT

Où trouver 300 m² à un prix abordable au centre d'Amsterdam dans les années 1970 ? Sur Prinseneiland et le Prinsengracht, nombre de manufactures abandonnées, d'entrepôts désaffectés, voire quelques églises désacralisées offraient aux architectes un vaste choix de volumes nus à aménager en toute liberté, pourvu que l'on conserve la façade. Vivre sans murs en abolissant les rigoureuses séparations de fonction vitale devenait un nouveau pari pour ceux qui ont réinventé un art de vivre non conformiste.

WOONBOOT : VIVRE SUR L'EAU

Anciennes péniches du Rhin, radeaux supportant des chalets coquets ou barges menaçant de sombrer dans l'heure, les maisons flottantes (*woonboten* en néerlandais) firent leur apparition sur les canaux d'Amsterdam dans les années 1950, en réponse à la pénurie de logements. Auparavant habitées par des marginaux, elles sont aujourd'hui le rêve de jeunes qui disposent de moyens limités, puisque le coût d'un appontement n'est que de 450 € par an. Pour une plongée plus précise dans la réalité de l'habitat sur l'eau, visitez le **Woonbootmuseum** (voir p. 74).

Une ou deux choses à savoir

Piétons, attention ! Le vélo est roi à Amsterdam, à tel point que l'on n'ose plus se risquer sur un trottoir sans se demander si c'est une piste cyclable ! Auquel cas, un coup de sonnette intempestif vous le fera savoir. Quant à la ponctualité, elle est de mise. Ardeur au travail et simplicité sont des vertus calvinistes. Mais quand sonne la fermeture des bureaux vers 17h, l'Amstellodamois prend le temps de vivre. Le dîner expédié, entre 18h et 18h30, on fait du vélo en famille, on rend visite aux amis ou on s'attarde dans son café préféré.

UNE FLOTTILLE LIMITÉE

Cette forme de logement proche du squat sera légalisée en 1973 afin de limiter le nombre d'appontements, ceux-ci ayant une fâcheuse tendance à proliférer. On recense aujourd'hui une flottille de 2 400 *houseboats*, dont 1000 seulement sont véritablement autorisés tandis que les autres ne sont pas interdits ! Ils sont regroupés sur le Prinsengracht, le Brouwersgracht et l'Amstel. Chaque *houseboat* dispose de son propre raccordement au téléphone, à l'électricité et à l'eau courante.

HOFJES

Çà et là dans le Jordaan, un blason annonce discrètement l'accès, via un passage étroit, à un *hofje*. Ces anciens hospices, destinés autrefois à loger des personnes âgées nécessiteuses, regroupent autour d'une courette ou d'un jardin de minuscules maisons. Les *hofjes* ont leurs adeptes qui, au prix de quelques transformations, ont aménagé au cœur de la ville de véritables îlots de tranquillité.

COSY CORNER

La maison est un refuge douillet, un endroit qu'on enjolive sans cesse, qu'on fleurit toute l'année. Quoi de surprenant dans un pays où il vente et pleut la majeure partie de l'année ? Les Amstellodamois ont le sens du confort, et leurs maisons fraîches et pimpantes sont d'une propreté impeccable. Qu'un rayon de soleil surgisse, et on voit tables et chaises envahir le trottoir. Cette manière de vivre si particulière porte un nom, il s'agit du *gezelligheid,* qui signifie à la fois intime, confortable, chaleureux et d'humeur sociable.

LA MONARCHIE

Les Néerlandais sont attachés à leur famille royale et à leur fête annuelle. Il s'agit d'une monarchie constitutionnelle. Le roi a un pouvoir très limité, voire protocolaire, et ce sont les ministres qui dirigent le pays. Lors de la fondation du Royaume en 1815, Guillaume Ier monta sur le trône. Il appartenait à la maison d'Orange-Nassau, raison pour laquelle la couleur de la Nation est l'orange. En 2013, la reine Béatrix transmit le pouvoir à son fils, Willem-Alexander, après plus de trente ans de règne.

17 Amsterdam Noord, L'EXPÉRIMENTAL

● Restos & bistrots p. 132 ● Bars, clubs & sorties p. 156

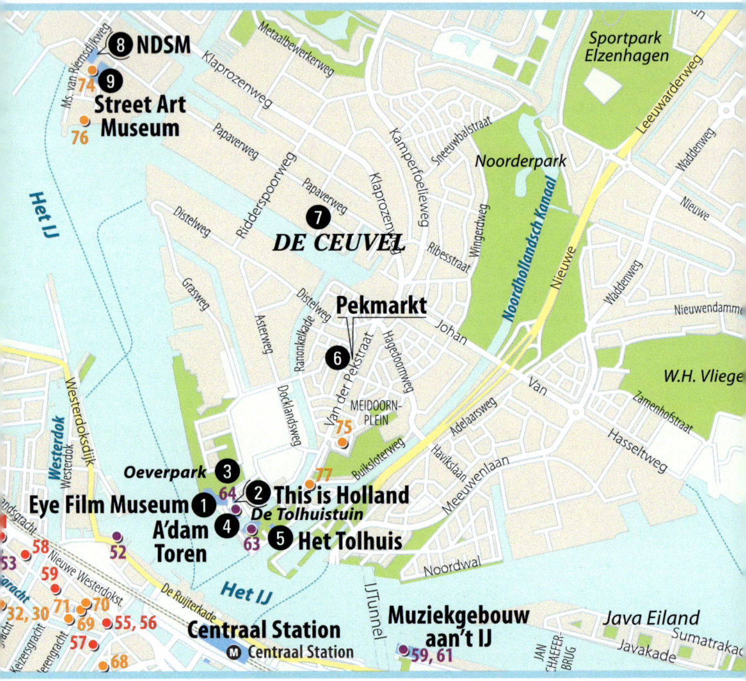

Le nord, nouvel eldorado d'Amsterdam ? Les développements que connaît actuellement cette zone laissent penser que c'est devenu *the place to be,* et de plus en plus d'Amstellodamois élisent domicile ici pour vivre ou travailler. Sur des friches abandonnées, dans des entrepôts réhabilités ou des ensembles flambants neufs naissent de nouveaux musées et des quartiers innovants. N'hésitez pas à louer un vélo pour vous déplacer dans ce territoire en pleine mue qui promet de belles découvertes.

❶ EYE FILM MUSEUM**

Musée du Cinéma

Ce temple du cinéma est riche de bobines rares, régulièrement mises au jour dans son fonds, et de matériel de projection de référence. Il se distingue par la programmation pointue de ses quatre salles. Il dispose aussi d'une zone muséale, libre d'accès.

L'exposition cinématographique

Au sous-sol, une exposition interactive permet de se familiariser avec les techniques marquantes de l'histoire du cinéma, de découvrir des extraits de films cultes, mais aussi de réaliser un folioscope personnalisé (un livre de photos donnant l'illusion d'une séquence animée).

L'architecture

La silhouette blanche et anguleuse du musée est l'un des éléments emblématiques de la *skyline* de la ville. Le bâtiment a été conçu par le bureau viennois Delugan Meissl Associated Architects. Amusez-vous à gravir les vallées d'escaliers de l'Arena pour voir la perspective du bâtiment se modifier, tout comme celle de la ville.

La terrasse

Avec sa vaste terrasse et le lumineux espace intérieur d'une magistrale hauteur sous plafond, le restaurant de l'EYE est l'une des plus agréables « cantines » de musée de la ville.

IJpromenade, 1 • Accès gratuit par le ferry depuis De Ruijterkade (derrière Centraal Station) ; départs toutes les 5 min en journée, 10 min la nuit • ☎ 589 14 00 • www.eyefilm.nl • Musée : t.l.j. 10h-19h (21h ven.) • Café-restaurant : dim.-jeu. 10h-1h (cuisine ferme à 22h30), ven.-sam. 10h-2h • Entrée : 10 € pour les expositions, 10 € pour un film.

❷ THIS IS HOLLAND***

This is Holland vous promet un survol du pays en traversant seulement trois salles... Les deux premières vous expliquent l'histoire et la topologie de ce pays qui vit principalement les pieds dans l'eau. Pour parachever la démonstration, dans la dernière salle, prenez place à bord d'un fauteuil qui va vous faire littéralement voler au-dessus des Pays-Bas, cheveux au vent, grâce à un système gyroscopique et un écran incurvé ! Brise marine, gouttelettes au-dessus de la mer, parfum des fleurs au-dessus d'un champ de tulipes... l'illusion est parfaite !

Overhoeksplein, 51 • ☎ 215 30 08 • www.thisisholland.com • T.l.j. 10h-21h en été, 10h-20h en hiver (oct. à fin mars) • Entrée : 16,5 € • En français ou en anglais • Taille minimale : 1,25 m.

❸ OEVERPARK**

Également appelée Overhoekspark, cette longue bande de promenade agrémentée d'herbe permet

Pause typique chez ONS

Chez ONS (« notre » en néerlandais), on déguste des tartes aux pommes à l'ancienne (4 €), des soupes, des tartines, des variations autour de l'œuf... Tout est d'inspiration hollandaise et préparé avec des ingrédients de la région. Le premier dimanche du mois, formule conviviale à 17,50 € (sur résa).

● 77 • Buiksloterweg, 27 • ☎ 774 03 03 • www.cafe-ons.nl • Mar.-jeu. et dim. 12h-23h, ven.-sam. 12h-1h (cuisine ferme à 21h).

d'admirer la ville : l'étonnant palais de justice et l'arrière de la Centraal Station s'offrent aux marcheurs et cyclistes. Curiosité : un *Iepenarboretum* a été planté. C'est un hommage à l'orme, arbre le plus populaire de la ville, présenté ici dans toute sa variété avec une trentaine d'espèces différentes.

❹ A'DAM TOREN*

Hôtels, clubs, restaurants (dont le Moon, un espace de repas rotatif avec vue à 360°), bars, bureaux... L'ancienne tour Shell a repris du serice et elle a décidé de vivre à cent à l'heure, 24h/24. Cette miniville dans la ville s'est de plus dotée d'un atout : un observatoire. Appelée Lookout, la plate-forme offre un panorama circulaire, une exposition interactive sur l'histoire d'Amsterdam ainsi que des balançoires sécurisées.

Overhoeksplein, 1 • www.adamtoren.nl • Lookout (observatoire) : t.l.j. 10h-22h (dernière entrée à 21h) • Entrée : 12,50 €.

❺ HET TOLHUIS*

À l'époque où le commerce battait son plein avec le nord, en passant par ce site, une majestueuse maison fut construite pour collecter le droit de passage. Elle sert aujourd'hui de salle de réception et accueille des événements. **De Tolhuistuin,** le jardin qui la jouxte, est accessible au public. Jusqu'en 1795, c'est là qu'étaient pendus les criminels. La joie de vivre qui se dégage aujourd'hui du parc, souvent utilisé comme lieu de fête par les habitants (voir p. 156), contraste avec cette partie de son passé. Durant quelques décennies, il fit aussi office de jardin « privé » pour les employés de Shell, ancien propriétaire du site.

Buiksloterweg, 7.

❻ PEKMARKT*

Un vaste marché de rue se tient le long de la Van der Pekstraat. Les fruits et légumes frais se mêlent aux créations artisanales, au poisson, aux souvenirs et aux stands proposant des petits plats à manger entre les allées. Le vendredi, des producteurs des alentours viennent vendre directement leurs produits.

Van der Pekstraat • ☎ 737 14 12 • www.pekmarkt.nl • Mer., ven.-sam. 9h-17h.

NDSM

❼ DE CEUVEL**

La municipalité d'Amsterdam Noord cherchait un moyen de réhabiliter un ancien chantier naval. À son appel d'offres a répondu un groupe de jeunes entrepreneurs, qui ont eu l'idée d'aménager un quartier avec de vieilles péniches posées à même le sol, à travers lesquelles il est possible de se promener en suivant une passerelle en bois. Pour accompagner l'ensemble, un café durable autonome énergétiquement, équipé de toilettes sèches, de panneaux solaires sur le toit et d'une végétation qui apure le sol pollué par l'ancien chantier. Surprenant !

❽ NDSM**

Situé au nord-ouest de la ville et accessible gratuitement en bac, NDSM est le quartier dynamique de l'ancien chantier naval. La zone industrielle s'est muée en friche artistique et a vu naître des restaurants et bars sympathiques, un *skate park* ainsi que des ateliers d'artistes et bureaux de start-up. Un vaste marché aux puces est également organisé un week-end par mois.

❾ STREET ART MUSEUM*

À l'heure où nous écrivons ces lignes, le Street Art Museum n'a pas encore ouvert ses portes. Situé dans un immense atelier de soudage, le site promet une visite spectaculaire et des graphes démesurés, dont un bon nombre étaient déjà prêts lors de notre passage. Plus de 7 000 m² de surface sans compter les nombreuses œuvres situées à l'extérieur, devraient combler les amateurs de street art.

www.streetart.today

Restos & bistrots

PAR QUARTIER

Les coups de cœur DE NOTRE AUTEUR 2019

Marjolaine partage ses meilleures rencontres gustatives pour l'année 2019, de la serre à l'assiette, végétariennes ou dans la pure tradition hollandaise.

De Kas

GUTS & GLORY

Définitivement la meilleure adresse pour savourer de la haute gastronomie dans une ambiance décontractée. Voir p. 122.

BLUSHING

En tant qu'amatrice invétérée de petits déjeuners gourmands, j'ai adoré les pancakes géants aux fruits rouges. Voir p. 127.

REM EILAND

C'est l'adresse idéale pour prendre de la hauteur tout en dégustant une tarte aux pommes typiquement hollandaise : le pied ! Voir p. 132.

FOODHALLEN

Je pense que je pourrais y aller tous les jours pour tester chaque stand de ce *food court* spécialisé dans la cuisine de rue. Voir p. 125.

DE KAS

Je m'y rends à chaque séjour pour un dîner haut en saveurs dans une serre élégante. Voir p. 133.

MANA MANA

Ce comptoir israélien sublime les légumes avec talent et a achevé de me prouver que la cuisine végétarienne était une porte d'entrée sur un monde de saveurs inexplorées. Voir p. 127.

REM Eiland

À SAVOIR

AU MENU

La gastronomie locale n'est pas des plus réputée. Rustique et sans prétention, elle est généralement roborative. Néanmoins, cet état de fait est en train d'évoluer, de très nombreux chefs revisitant la tradition culinaire en proposant des plats typiques remis au goût du jour. Parmi les **spécialités,** le ***stamppot***, une purée de pommes de terre et de légumes, la soupe aux pois cassés et lardons, et le hareng, cru ou mariné. On le déguste à table ou dans les petits kiosques que l'on trouve dans tous les quartiers de la ville. Le **logo Neerlands Dis** indique les restaurants où vous pourrez déguster des **plats traditionnels**. Mais la capitale hollandaise est également l'escale idéale pour goûter à différentes saveurs internationales, parmi lesquelles la très savoureuse cuisine indonésienne, qui est proposée dans nombre d'adresses.

HORAIRES

Les Néerlandais dînent tôt (18h environ) et la plupart des restaurants accueillent dès 17h pour le repas du soir, jusqu'à 20h30-21h au maximum. Cependant, de plus en plus de restos et de cafés branchés servent désormais plus tard. De manière générale, **la réservation est fortement recommandée,** surtout en fin de semaine ! Le service est toujours inclus dans l'addition, mais, comme en France, personne ne refusera un pourboire.

TARIFS

Si tous les midis on peut manger sans se ruiner (comptez de 10 à 15 €) un plat du jour, un sandwich, une tartine -dans laquelle les Hollandais excellent- ou un bol de soupe dans les nombreux ***eetcafés*** de la ville, l'addition grimpe facilement le soir (à partir de 30-40 € à la carte pour un cuisine un peu élaborée). C'est pour cette raison que la grande majorité des restaurants propose des menus de trois ou cinq plats à des prix avantageux.

SE REPÉRER

Chaque adresse de restaurant est associée à une pastille orange numérotée. Vous retrouverez toutes les adresses positionnées sur le plan détachable.

Restos & bistrots
PAR QUARTIER

Le Béguinage (Quartier 1 - p. 26)

GARTINE
Tartines ① Plan G8

Avant même d'avoir franchi le seuil de cette petite adresse de charme, vous serez séduit par la devanture fleurie qui égaye la ruelle. Au mur, une vaste peinture romantique représentant un festin joyeux donne le ton. Chez Kirsten et Willem, grands spécialistes de la tartine, des rillettes d'écrevisse rencontrent du maïs, le jambon d'agneau fait connaissance avec des asperges et des abricots se glissent dans des mariages étonnants et toujours réussis.

Taksteeg, 7 • ☎ 320 41 32 • www.gartine.nl • Mer.-sam. 10h-18h • Tartines : 6,50-9 €, tea-time : dès 17,50 €.

Gartine

BROODJE BERT
Sur le pouce ② Plan G8

Le lieu ne paye pas de mine malgré son emplacement idéal au bord du canal du Singel (terrasse). Ici, les assiettes sont copieuses : omelettes généreuses servies avec une salade pour 7 € ou sandwichs dès 3,50 €. Un excellent rapport qualité/prix, en plein centre-ville.

Singel, 321 • ☎ 623 03 82 • T.l.j. 8h30-17h30 (19h en été).

HAESJE CLAES
Hollandais ③ Plan G8

Arborant l'enseigne du Neerlands Dis qui caractérise les restaurants hollandais, Haesje Claes sert une cuisine simple dans une ambiance conviviale. Spécialité de la maison, le vis hors-d'œuvre, assortiment de harengs, maquereaux, crevettes et anguilles fumées (16,50 €).

Spuistraat, 275 • ☎ 624 99 98 • www.haesjeclaes.nl • T.l.j. 12h-22h • De 16 à 26 € à la carte.

LUCIUS
Poisson ④ Plan G7

Pas d'erreur, c'est le meilleur restaurant de poisson de la ville ! Dans une salle au décor simple de faïences et de tables rustiques,

on y sert à la bonne franquette des spécialités de poissons et fruits de mer selon l'arrivage (plateau de fruits de mer à 115 €).
Spuistraat, 247 • ☎ 624 18 31 • www.lucius.nl • T.l.j. 17h-minuit.

THE LEBANESE SAJERIA
Libanais ⑤ Plan G7

La base : un *man'ouché*, un pain libanais délicatement épicé, cuit sur une grande plaque bombée derrière la vitrine. À vous de choisir la garniture : bœuf, houmous, haloumi, labneh, bacon... Plié et enveloppé dans une pochette, il est servi chaud, prêt à déguster sur place ou à emporter (6,50-9 €). Un restaurant de poche, tout comme la carte, pour des parfums qui font voyager.
Wijde Heisteeg, 1 • Tram 2 • ☎ 737 33 86 • www.thesajeria.com • Lun.-dim. 11h30-19h30.

VOIR AUSSI :
Café Hoppe | p. 27 | ⑥ Plan G8

Le Dam (Quartier 2 - p. 32)

CAFÈ HET PALEIS
Sur le pouce ⑦ Plan G7

Cette pause « royale », à deux pas du Palais, multiplie les symboles de la monarchie entre la couronne du logo et l'orange d'un mur. Banquettes en bois noir et luminaires design viennent compléter l'ensemble et confèrent une ambiance décontractée. Au menu, des tartines classiques (6-9,50 €), des salades et quelques plats

Greenwoods

chauds comme un *portobello burger* (9,50 €) ou des pâtes.
Paleisstraat, 16 • ☎ 626 06 00 • www.cafehetpaleis.nl • Dim.-jeu. 9h30-1h, ven.-sam. 9h30-3h.

VAN KERKWIJK
Hollandais ⑧ Plan G7

Ici, pas de carte, mais le menu du moment. L'inspiration du chef marie souvent cuisine « de grand-mère » et associations inventives (le déroutant steak chèvre-fraise revient souvent).
Nes, 41 • ☎ 620 33 16 • www.caferestaurantvankerkwijk.nl • T.l.j. 11h-1h • Steak chèvre-fraise : 20,50 €.

NACARAT
Oriental ⑨ Plan G7

À l'étage d'un grand magasin, ce vaste restaurant chic et feutré dévoile une superbe verrière donnant sur les toits d'Amsterdam. Idéal pour une pause café ou un déjeuner sur le pouce très *healthy*. À midi, la carte propose un large éventail de pitas (13-14 €) ainsi que des *buddha bowls*, salades à base de légumineuses twistées à coup de sauce yaourt à la cardamome et d'ingrédients qui fleurent bon l'Orient. Le soir, menu dégustation haut de gamme (67,50 €/pers.) ou plats à la carte (15-30 €), toujours tournés vers les saveurs de l'Orient.
Rokin, 49 • Trams 1, 2, 5, 11, 12 et 14 ☎ 790 03 20 • www.nacarat.nl • T.l.j. 11h30-22h30.

GREENWOODS
Pâtisserie ⑩ Plan G6

C'est l'une des meilleures adresses pour succomber aux scones, cheese cake et *carrot cake* (4,50 € chacun). Ambiance très *British* pour le tea-time et plus décontractée en terrasse l'été.
Singel, 103 • ☎ 623 70 71 • www.greenwoods.eu • Lun.-jeu. 9h30-16h30, ven.-dim. 9h-17h.

Rokin et Gouden Bocht (Quartier 3 – p. 38)

KAPITEIN ZEPPOS
Italo-belge ⑪ Plan G8

Dans une ruelle derrière le Rokin, voici une adresse étonnante. Microterrasse sur les pavés, salles au charme suranné, ambiance kitsch et bric-à-brac avec des loupiotes multicolores et des plantes vertes, jazz en fond sonore. Le service est italo-belge… et la cuisine aussi : à la carte, asperges à la flamande, risotto aux légumes verts, potages épicés. D'avril à octobre, le premier dimanche du mois, le patron pousse les tables pour improviser un café chantant… Étonnant, vous dit-on !
Gebed Zonder End, 5 • ☎ 624 20 57 • www.zeppos.nl • Lun.-jeu. 11h-1h, ven.-sam. 11h-3h, dim. 12h-1h • Plats : 14-26,50 €.

DE LAATSTE KRUIMEL
Pâtisserie ⑫ Plan G8

Ouverte par Pavel et Ivelina, un couple bulgare, cette adorable adresse a un air « lewiscarollien ». Dans cette version, le chapelier fou est un inconditionnel de la récup' et a su utiliser des palettes pour créer de beaux comptoirs ; Alice, elle, est une sacrée cuisinière. Tartes, sandwichs et pâtisseries sont à dévorer. Pour compléter le tableau : une microterrasse, surplombant le canal.

Langebrugsteeg, 4 • ☎ 423 04 99 • www.delaatstekruimel.nl • Lun.-sam. 8h-20h, dim. 9h-20h • Petits pains garnis : 4 €.

P. King

PANNENKOEKENHUIS UPSTAIRS
Crêpes hollandaises ⑬ Plan G8

Mieux vaut réserver si l'on veut prendre place sur l'une des quatre tables de cette institution, perchée en haut d'une volée de marches étroite et raide. Sous un ciel de théières, entourés de photos de la famille royale et de peintures anciennes, on déguste des *pannenkoeken* (crêpes sucrées et salées, 6,25-13,50 €) dans la plus pure tradition hollandaise. Elles sont agrémentées de produits issus de l'agriculture des environs.

Grimburgwal, 2 • ☎ 626 56 03 • www.upstairspannenkoeken.nl • Mer.-sam. 12h-18h, dim. 12h-17h.

SICHUAN FOOD
Chinois ⑭ Plan G8

Une authentique cuisine chinoise étoilée. Goûtez les spécialités du Sichuan, souvent pimentées. Demandez au patron de composer le menu, mais attention à l'addition… salée !

Reguliersdwarsstraat, 35 • ☎ 626 93 27 • www.sichuanfood.nl • T.l.j. 17h30-22h30 • Plats : 17,50-22,50 € • Menus 3-4 plats : 30,50-42,50 €.

P. KING
Sur le pouce ⑮ Plan C4

Des banquettes en bord de canal ou bien une ambiance boiseries et fauteuil club à l'intérieur : à vous de choisir ! Dans les assiettes : salades copieuses (10-13 €) –

avec un petit faible pour la chèvre miel pomme et bœuf thaï –, sandwichs au pain complet ou burger (13,50 € env.). Au réveil, quatre formules de petits déjeuners pour tous les appétits (3-9,50 €).
Herengracht, 515 • Trams 16 et 24 • ☎ 32 081 75 • www.pking.nl • Lun.-ven. 9h-1h, sam. 9h-3h, dim. 10h-1h.

VOIR AUSSI :

Café De Jaren | p. 41 |
⑯ Plan H8

Du Nieuwmarkt au Prinsenhof (Quartier 4 – p. 44)

EETCAFÉ VAN BEEREN
Café brun ⑰ Plan H7/I7

Près du Nieuwmarkt, ce café brun doté d'un étonnant jardin intérieur s'est reconverti en restaurant de quartier. La carte hétéroclite propose aussi bien du ceviche que des grillades, le tout à des prix raisonnables.
Koningsstraat, 54 • ☎ 622 23 29 • www.eetcafevanbeeren.nl • Lun.-jeu. 17h-1h, ven. 17h-3h, sam. 16h-3h, dim. 16h-1h (cuisine ouv. t.l.j. 17h30-22h15) • Entrée : 8 € • Plat : 18 €.

VOIR AUSSI :

Lookaal 't Loosje | p. 45 |
⑱ Plan H7

Café Gasthuys | p. 47 |
⑲ Plan G8

De Wallen, le Quartier rouge (Quartier 5 – p. 48)

IVY & BROS
Sur le pouce ⑳ Plan H7

Ce lieu a des allures de cabinet de curiosités avec ses mâchoires de requins et ses animaux empaillés. Tout est à vendre, ou presque, dans cette adresse mêlant boutique et petite restauration. Les végétariens et intolérants au gluten trouveront leur bonheur parmi l'assortiment de salades, tartines et autres soupes. Fondez pour le *latte* et ses dessins travaillés dans la mousse de lait.
Oudezijds Voorburgwal, 96HS • ☎ 0611924244 • T.l.j. 10h-19h.

MATA HARI
Hollandais ㉑ Plan H6

La plus célèbre des courtisanes hollandaises s'est invitée dans le Quartier rouge. Elle vous accueille dans un cadre rétro et douillet, à la lueur des bougies. À sa table, vous découvrirez de l'agneau à la rhubarbe (21,50 €), un curry de groseilles et betteraves, ou des raviolis de chou-fleur et zestes d'orange (11 €).
Oudezijds Achterburgwal, 22 • ☎ 205 09 19 • www.matahari-amsterdam.nl • Dim.-jeu. 11h-1h, ven.-sam. 11h-3h.

Bordewijk

BLAUW AAN DE WAL
Hollandais ㉒ Plan H7

Malgré l'enseigne installée sur l'artère, en bord de canal, l'adresse demeure confidentielle. Au bout d'une ruelle étroite, ce restaurant haut de gamme est situé dans un ancien entrepôt à épices. Certes, les tarifs sont élevés, mais les assiettes sont soignées et on y fait de belles découvertes.

Oudezijds Achterburgwal, 99 • ☎ 330 22 57 • www.blauwaandewal.com • Lun.-sam. 18h-23h30 • Résa conseillée • Menus : 45 € (3 plats), 57 € (4 plats), 67 € (5 plats).

LATEI
Cuisine du monde ㉓ Plan H7

Cette maison est surtout connue pour sa tarte aux pommes (*appeltaart*, 4,25 €). Côté assiettes, des sandwichs dès 3,75 €, des soupes et des omelettes à 5,50 €. Plats indonésiens les jeudis, vendredis et samedis.

Zeedijk, 143 • ☎ 625 74 85 • www.latei.net • Lun.-mer. 8h-18h, jeu.-ven. 8h-22h, sam. 9h-22h, dim. 10h-18h.

VOIR AUSSI :

De Bakkerswinkel | p. 50 |
㉔ Plan H6

Jodenbuurt (Quartier 6 – p. 54)

HEMELSE MODDER
Cuisine bio ㉕ Plan I7

Ce restaurant bio est dédié à la cuisine de l'Europe de l'Ouest : agneau de Texel, filet de turbot… et leur célèbre dessert au chocolat Hemelse Modder (9 €).

Oude Waal, 11 • ☎ 624 32 03 • www.hemelsemodder.nl • T.l.j. 18h-22h (12h-14h30 sam.-dim.) • Menus : 36 € (3 plats), 43 € (4 plats), 49 € (5 plats).

PUCCINI
Sur le pouce ㉖ Plan H8

Un cadre agréable pour se régaler de soupes maison, de salades gourmandes (6,50-17,25 €), de paninis et de tartes et de gâteaux.

Staalstraat, 21 • ☎ 620 84 58 • www.puccini.nl • Lun.-ven. 8h30-18h, sam.-dim. 9h-18h.

VOIR AUSSI :

Frenzi | p. 56 | ㉗ Plan H8

Le Jordaan (Quartier 7 - p. 60)

KESSENS
Hollandais ㉘ Plan B2

Voici une excellente adresse où prendre un bon brunch (omelettes, poisson fumé, tartines ou croissants), mais aussi des plats rafraîchissants à l'heure du déjeuner, comme cette mousse de petits pois accompagnée de pecorino, de noisettes grillées et de courgettes marinées (9,25 €). Le plus : la plupart des plats sont aussi proposés à la vente à emporter.

Rozengracht, 24 • Trams 13, 14 et 17 • ☎ 221 74 31 • www.kessensamsterdam.nl • Lun.-ven. 8h30-17h30, sam.-dim. 9h30-18h30.

JAPANESE PANCAKE WORLD
Japonais ㉙ Plan B2

Prenez place à la table devant les fourneaux et observez la préparation d'un *okonomiyaki*, cette galette à base de purée de pommes de terre dans laquelle sont inclus divers ingrédients selon la formule : *yakisoba*, crevettes, bœuf mariné, oignons, épinards ou poivrons... Le temps de préparation est un peu long (30 min env.), mais l'attente en vaut la chandelle. Surtout quand vous découvrirez que votre plat semble danser dans votre assiette grâce à un ingrédient surprise !

2e Egelantiersdwarsstraat, 24a • Trams 3, 5 et 10 • ☎ 320 44 47 • www.japanesepancakeworld.com • Jeu.-mar. 12h-22h.

BORDEWIJK
Poisson et gibier ㉚ Plan B1

Dans un décor high-tech, une très bonne cuisine variant selon les arrivages du marché.

Noordermarkt, 7 • Bus 18, 21 et 22 • ☎ 624 38 99 • www.bordewijk.nl • Mar.-sam. 18h30-22h30 • Menus 3-5 plats : 40-60 €.

SPANJER EN VAN TWIST
Sur le pouce ㉛ Plan B2

Près d'un joli canal, on sort les tables au premier rayon de soleil. Petite restauration toute la journée.

Leliegracht, 60 • Trams 13, 14 et 17 • ☎ 639 01 09 • www.spanjerenvantwist.nl • Lun.-jeu. 9h-1h, ven.-sam. 9h-2h, dim. 9h-1h ; f. 25-26 déc. • 3,50-16,50 €.

Bar Kantoor

FINCH
Sur le pouce ㉜ Plan B1

Dans ce troquet, avec une belle terrasse sur le Noordermarkt, on se retrouve pour boire un verre, voire manger sur le pouce plat du jour ou salade fraîche. Le cadre est design et l'ambiance gentiment branchée.
Noordermarkt, 5 • Lun. 6h-1h, mar.-jeu. 8h30-1h, ven. 9h-3h, sam. 7h-3h, dim. 9h-1h • Salade : env. 10 € • Sandwich : 6,50 €.

TOSCANINI
Italien ㉝ Plan B1

Ce très beau cadre est né de la transformation d'une ancienne usine. Produits ultra-frais pour des plats gourmands servis à l'italienne (addition à tiroir !). Carte des vins intéressante et ambiance conviviale, quoiqu'un peu bruyante.
Lindengracht, 75 • Bus 18, 21 et 22 • ☎ 623 28 13 • www.restauranttoscanini.nl • Lun.-sam. à partir de 18h ; f. 27 avr. • Résa conseillée • Menu : 52,50 €.

VOIR AUSSI :

Sla | p. 63 | ㉞ Plan B2

Autour de Westerpark (Quartier 8 - p. 64)

BAR KANTOOR
Cuisine bio ㉟ Carte p. 64

Situé dans les anciens bureaux de la Westergasfabriek, ce bar-restaurant valorise l'agriculture biologique et locale. Il dispose de sa propre ferme aquaponique pour cultiver ses herbes ! Dans les assiettes, beaucoup de légumes fermentés et de salades accompagnées de pousses ou d'algues, voire des sorbets de légumes (au concombre notamment). Des plats légers et délicats, mais les grands appétits ne seront pas rassasiés.
Haarlemmerweg, 8 • ☎ 820 33 31 • www.barkantoor.nl • Dim.-jeu. 7h-1h, ven.-sam. 7h-3h.

VOIR AUSSI :

Espressofabriek | p. 66 | ㊱ Carte p. 64

Le top pour manger SUR LE POUCE

Que ce soit pour préparer un pique-nique dans un parc de la ville ou un dîner dans votre hébergement, voici une sélection d'adresses qui proposent aussi bien une dégustation sur place que de la vente à emporter.

Foodhallen

VAN DOBBEN

À Amsterdam, tout est susceptible de finir sur une tranche de pain, même les *kroketten*. Voir p. 70, **Rembrandtplein.**

THE LEBANESE SAJERIA

Une adresse qui tient dans un mouchoir de poche, où sont préparées de délicieuses galettes libanaises à la demande. Voir p. 114, **Le Béguinage.**

FOODHALLEN

Laissez-vous porter par le large choix des étals, demandez un *take away* ou bien prenez place autour des tables communes du hall pour manger. Voir p. 125, **Le quartier des musées.**

DE LAATSTE KRUIMEL

La microterrasse la plus mignonne de la ville, couplée à un intérieur digne du pays d'Alice. Voir p. 116, **Rokin.**

POKÉ PERFECT

Un comptoir de salades hawaïennes fraîches à emporter à base de poisson cru, pour manger sain et goûteux à la fois. Voir p. 124, **Leidseplein.**

KESSENS

L'adresse à fréquenter dès potron-minet pour un petit déjeuner substantiel, que l'on peut même emporter et déguster au bord des canaux ! Voir p. 119, **Jordaan.**

Rembrandtplein (Quartier 9 - p. 68)

GUTS & GLORY
Gastronomique ㊲ Plan C4

Tenu par deux copains fous de gastronomie, c'est l'un des meilleurs restaurants de la ville. Une toute petite salle, une cuisine ouverte et un menu comprenant 3, 4 ou 5 plats le midi, et 5, 6 ou 7 le soir (29,50-67,50 €). À vous de choisir. Quels plats ? Surprise, car tout dépend du marché du jour ! Poisson frais cuit ou cru, viande en sauce, émulsions ou soufflés, les plats sont divins. En réalité, le menu 3 plats correspond à 3 plats et 2 desserts. Les portions sont petites, mais le nombre de plats, accompagnés d'une *foccacia* au beurre d'algues, s'avère au final rassasiant.

Utrechtsestraat, 6 • Trams 4, 9 et 14 • ☎ 362 00 30 • www.gutsglory.nl • T.l.j. 12h-15h et 18h-22h • Résa conseillée soirs et w.-e.

TEMPO DOELOE
Indonésien ㊳ Plan C4

Surtout, goûtez la crevette géante grillée accompagnée d'une sauce coco-curry : c'est le plat phare de la maison. Sur la carte, qui propose des *rijsttafel* (à partir de 32,50 €) et un menu à 35 €, le degré d'épices dans les plats est indiqué, et l'on vous donnera des conseils pour déguster les plus relevés.

Utrechtsestraat, 75 • Tram 4 • ☎ 625 67 18 • www.tempodoeloerestaurant.nl • Lun.-sam. 18h-23h.

SEGUGIO
Italien ㊴ Plan C4

Un cadre épuré pour déguster une cuisine italienne raffinée. La carte propose des risottos et pâtes peu conventionnels, et excelle dans les poissons et les viandes goûteuses. Les gros mangeurs opteront pour le menu du chef à 4 plats (49,50 €).

Utrechtsestraat, 96 • Tram 4 • ☎ 330 15 03 • www.segugio.nl • Lun.-sam. 18h-23h • Résa conseillée.

JOHN DORY
Poisson ㊵ Plan C4

Dans cet ancien entrepôt du XVIIe s., on travaille le poisson : flétan, lotte, homard, sébaste, morue, maquereau, etc. De préparations ultra-sophistiquées en cuissons simples, tout est mis en œuvre pour sublimer les produits de la mer.

Prinsengracht, 999 • Tram 16 • ☎ 622 90 44 • www.johndory.nl • Mar.-sam. 17h30-22h30 • Menus : 35-65 €.

THE SCHOOL OF LIFE
Sur le pouce ㊶ Plan C5

C'est un tiers-lieu où jeunes travailleurs et étudiants viennent se sustenter, fureter dans la boutique, travailler ou participer à l'une des conférences proposées dans l'annexe du restaurant. On peut y prendre son petit déjeuner

(croissant, boisson et fruit frais pour 4,50 €) ou grignoter dans la journée l'une des parts de quiches ou de cakes (8 € env.) qui sont proposées.
Frederiksplein, 54 • Trams 1, 4, 7, 10 et 19 • ☎ 22 000 80 • www.theschooloflife.com • Lun.-ven. 8h-19h, sam.-dim, 9h30-18h.

VOIR AUSSI :

Van Dobben I p. 70 I
42 Plan H8

Negen Straatjes (Quartier 10 - p. 72)

PLUK
Cuisine healthy 43 Plan B3

Des fleurs, des cageots de fruits et légumes, des corbeilles de viennoiseries, et encore plus de fleurs. Elle a beau s'être parée de blanc, cette adresse sait se faire remarquer des fashionistas qui arpentent le quartier en quête du look parfait. On peut y déguster une cuisine saine mais pas ennuyeuse, composée de salades colorées (11,50 €), de bols vitaminés (8,50 €) et de sandwichs équilibrés (7 €).
Reestraat, 19 • Trams 13, 14 et 17 • ☎ 363 59 77 • www.pluk-amsterdam.nl • T.l.j. 8h30-18h.

VENUS & ADONIS
Viande et poisson 44 Plan B3

Viande ou poisson, pourquoi choisir ? Ce restaurant, dont le nom est inspiré d'un tableau de Ferdinand Bol, apprenti de Rembrandt, sert d'agréables *surf'n'turf* (dès 31 €) laissant s'acoquiner viande rouge et produits de la mer (crevettes ou homard). Les plats, servis sur des planches, sont tellement savoureux qu'on pardonne à l'établissement les à priori sensiblement sexistes qui associent portions light à Vénus et viriles gourmandises à Adonis.
Prinsengracht, 274 • Trams 7 et 10 • ☎ 421 18 48 • www.venusenadonis.nl • T.l.j. 12h-minuit (cuisine jusqu'à 23h).

Pluk

INDONESIAN KITCHEN
Indonésien ㊺ Plan G7

Discrètement installé dans un entresol, le long de l'Herengracht, l'Indonesian Kitchen n'a pourtant aucune raison de se cacher. Son chef a fait ses classes dans les cuisines d'un étoilé, le service est attentif et le cadre charmant. Dans une salle cosy où les briques apparentes rencontrent de délicats origamis, on peut découvrir une cuisine indonésienne savoureuse et singulière : *Adam Opor* (poulet et lait de coco, 16,50 €), *lapis* (bœuf à la sauce soja) ou encore *Agneau Rainbow* (au curcuma, 25 €).

Herengracht, 287 • Trams 1, 2, 5 et 14 • ☎ 623 02 60 • T.l.j. 16h-22h30.

VOIR AUSSI :

Pompadour | p. 73 | ㊻ Plan B3

Leidseplein (Quartier 11 - p. 76)

CAFÉ AMERICAIN
Sur le pouce ㊼ Plan B4

Avec ses vitraux diffusant une lumière dorée, ses lustres Tiffany et ses belles fresques murales, c'est un authentique cadre Art déco pour boire un café ou déjeuner d'un club-sandwich (17 €).

Leidsekade, 97 • Trams 1, 2 et 5 • ☎ 556 30 00 • www.cafeamericain.nl • Lun.-ven. 6h30-22h30, sam.-dim. 7h-23h30 • Dîner : 17h-22h.

POKÉ PERFECT
Cuisine healthy ㊽ Plan B4

Vente à emporter de salades fraîches hawaïennes (9,90-13,80 €), à choisir dans le menu ou à composer. Un joli assortiment de légumes, de thon ou de saumon cru, de crabe, de crevettes, de tofu et de poulet mariné. Petit déjeuner à base de fruits frais et de granola (7,90-8,90 €).

Prinsengracht, 502 • ☎ 221 54 35 • www.pokeperfect.nl • T.l.j. 11h30-21h.

SPELT
Gastronomique ㊾ Plan C4

Le long d'une cuisine ouverte, la petite salle de cet élégant restaurant s'étire sur un magnifique jardin intérieur. Les assiettes sont originales à l'image du risotto de betterave, chèvre et noisettes (16,75 €).

Nieuwe Spiegelstraat, 5A • Tram 16 • ☎ 420 70 22 • www.restaurantspelt.nl • Mar.-jeu. 10h-23h, ven.-sam. 10h30-minuit.

VOIR AUSSI :

Buffet Van Odette | p. 79 | ㊿ Plan C4

Le quartier des musées et Vondelpark (Quartier 12 - p. 80)

SAMASEBO
Indonésien (51) Plan B4

Près du Rijksmuseum, un restaurant de spécialités indonésiennes : *nasi goreng, bami goreng* et un *rijsttafel* de 17 plats à 31,50 €. Excellent accueil et cadre agréable.

P. C. Hooftstraat, 27 • Trams 2 et 5 • ☎ 662 81 46 • www.samasebo.nl • Lun.-sam. 12h-15h et 17h-22h.

FOODHALLEN
Street food (52) Plan A3

Des stands de *street food* et des bars se sont installés dans ce hangar pour tramways. Burgers de The Butcher, *bitterballen* du De Ballenbar, *Bánh mì* de Viêt View, falafels chez Maza, *dim sum* de Dimsum Thing ou *japanese street food* de Meneet Temaki. Chacun se sert à un stand et on se retrouve autour des tables communes. Ne partez pas avant d'avoir flâné au Local Goods Store, une boutique de produits *made in Amsterdam*.

Bellamyplein, 51 • Trams 7 et 17 • www.foodhallen.nl • Dim.-jeu. 11h-23h30, ven.-sam. 11h-1h.

PICCOLO
Italien (53) Plan A3

Au pied du Foodhallen, ce joli restaurant bénéficie d'une terrasse ensoleillée au calme, à l'écart de la circulation. L'intérieur est brut et boisé. La carte est résolument italienne. Optez pour le menu surprise (15 € ou 20 € avec le dessert), comprenant des antipasti et un plat décliné en trois assiettes.

Foodhallen

Le meilleur de la CUISINE HOLLANDAISE

Pêche en mer du Nord, bœuf de haute qualité, fromages, farines d'exception, bières artisanales, fruits et légumes hors pair... Les Pays-Bas regorgent de bons produits. Voici notre top pour les déguster, travaillés selon les recettes d'antan ou interprétés par des brigades inventives.

HAESJE CLAES

Une institution de la cuisine simple, familiale et roborative, dans un décor de bois sombre. Voir p. 113, **Le Béguinage**.

GUTS & GLORY

Une cuisine hollandaise revue et rehaussée par deux jeunes cuisiniers avides de nouveauté, qui vont vous surprendre ! Voir p. 122, **Rembrandtplein**.

BELHAMEL

Des mets hollandais (mais pas que) dans un cadre Art nouveau romantique à souhait. Voir p. 131, **Centraal Station**.

DE SILVEREN SPIEGEL

Pêche de la mer du Nord et mijotés typiques se dégustent à la lueur des bougies. Voir p. 130, **Centraal Station.**

GREETJE

Recettes traditionnelles et service à l'ancienne se combinent ici à une démarche bio. Voir p. 131, **Le port et les îles orientales**.

WILDE ZWIJNEN

Rencontre réussie entre les produits du terroir et une inspiration tout en finesse et légèreté. Voir p. 133, **En dehors des quartiers de visite**.

Les produits sont frais et faits maison : pizzas, orechiettes au pesto de tomates séchées ou salade pomme-fenouil, etc.
Tollensstraat, 53a • Trams 7 et 17 • ☎ 020 78 666 33 • www.piccolo-amsterdam.nl • Mar.-jeu. 12h-22h, ven. 12h-22h30, sam. 11h30-22h30, dim. 11h30-21h.

VONDELPARK3
Hollandais (54) Plan A4

Ce restaurant est installé dans le Pavillon Vondelpark, à l'orée d'un parc. L'immense terrasse permet de profiter du calme. Le midi, restauration légère avec des salades (14,50 €) et des pains

garnis (7,50-9 €) ; le soir, cuisine plus évoluée, accommodant les traditions locales aux goûts du jour.
Vondelpark, 3 • Trams 1, 3 et 12 • ☎ 639 25 89 • www.vondelpark3.nl • T.l.j. 10h-23h • Plat : env. 20 € (le soir).

BLUSHING
Cuisine healthy ⑮ Plan B5

Le propriétaire de ce restaurant est une star nationale : Gordon, chanteur et DJ, est connu pour être juré de l'émission *Les Pays-Bas ont un incroyable talent*. Il a décidé d'ouvrir un lieu où l'on déguste des produits sains et bons pour la santé : au petit déjeuner, jus de légumes, smoothies et surtout de délicieux pancakes surmontés de fruits rouges et de sirop d'érable (8,95 €). À midi : soupes, salades, hamburgers végétariens et pizzas.
Paulus Potterstraat, 30A • Trams 2, 3, 5 et 12 • ☎ 06 027 1817 • www.enjoyblushing.com • T.l.j. 8h-18h.

VOIR AUSSI :

Pompa | p. 85 | ⑯ Plan B5

De Pijp (Quartier 13 - p. 86)

MANA MANA
Israélien ⑰ Plan C5

Cet espace sur 3 niveaux propose une goûteuse cuisine d'inspiration israélienne. Si quelques propositions sont à base de viande, Mana Mana entend surtout sublimer la gastronomie végétarienne. Houmous troublant de fraîcheur, aubergines fondantes, champignons savamment relevés... Portions (à partager ou non) à partir de 5 € au déjeuner et 7,50 € au dîner.
Eerste Jan Steenstraat, 85 • Trams 3, 12 et 16 • ☎ 645 312 483 • T.l.j. 17h-minuit (cuisine jusqu'à 22h).

MAMOUCHE
Nord-africain ⑱ Plan C5

Éclairage tamisé sous les claires-voies, senteurs de rose et de jasmin... Les recettes des grands-mères de Tunisie, d'Algérie et du Maroc inspirent les cuisiniers, qui veillent à valoriser les produits frais d'ici avec les meilleurs ingrédients de là-bas. Outre le couscous de poisson, vous pourrez goûter à de nombreux plats et desserts variés.
Quellijnstraat, 104 • Trams 16 et 24 • ☎ 670 07 36 • www.restaurantmamouche.nl • Mar.-dim. 17h-23h • Plats : 15-25 € • Menu 3 plats : 37 €.

BAZAR
Oriental et nord-africain ⑲ Plan C5

Au cœur du marché Albert-Cuyp, dépaysement assuré avec cette cantine orientale. Un balcon en fer forgé fait le tour de la salle décorée de tables en mosaïque colorée et de magnifiques lanternes. Dans les belles assiettes, falafel (4,90 €), calamar en salade (8,90 €) et des

formules d'assortiments (10,90 €).
Albert Cuypstraat, 182 • Trams 16 et 24 • ☎ 675 05 44 • www.bazaramsterdam.nl • T.l.j. 10h-minuit.

SNCKBR
Cuisine healthy ⑥⓪ Plan C5

Dans ce snack-bar sans voyelles, les *buns* d'épeautre remplacent le pain blanc industriel. La cuisson au four et les légumes s'invitent en nombre au menu, où prédominent le bio, le vegan et les portions basses calories.
Van Woustraat, 36 • Trams 3, 4 et 12 • ☎ 686 368 609 • www.snckbr.com • Dim.-jeu. 11h-23h, ven. 11h-1h, sam. 10h-1h.

VOIR AUSSI :

De taart Van m'n tante | p. 89 | ⑥① Plan C5

Plantage (Quartier 14 - p. 90)

DE PLANTAGE
Bistrot ⑥② Plan E3

La magnifique verrière à l'entrée de l'Artis est aménagée en restaurant. Sous les hauts plafonds se déploient des banquettes confortables qui invitent à la détente. Les tartines iodées de saumon (9,75 €) et toast chauds (4,75-6,75 €) du *lunch* font place en soirée à des risottos (17,50 €) ou des coquelets (19,50 €).
Plantage Kerklaan, 36 • Trams 9 et 14 • ☎ 760 68 00 • www.caferestaurantdeplantage.nl • Lun.-ven. 9h-1h, sam.-dim. 10h-1h.

DE PIZZABAKKERS
Pizzas ⑥③ Plan D4

Four à bois, jambon et saucisses débarqués de fermes toscanes, légumes de producteurs locaux... De la margherita (7,75 €) à l'étonnante Da Noi (sauce au poivre, poivrons grillés, saucisse, *pecorino* et mozzarella, 12,50 €), la pâte est fine et croustillante.
Plantage Kerklaan, 2 • Trams 9 et 14 • ☎ 625 07 40 • www.depizzabakkers.nl • T.l.j 12h-22h (23h ven.-sam.).

BLOEM ETEN & DRINKEN
Tartines ⑥④ Plan E3

Ici, on met de la fantaisie dans vos tartines avec des associations comme des betteraves grillées, du bleu, des noix et du chutney de pruneaux (7,50 €). Vous pouvez opter pour une salade (env. 11,50 €). Tous les produits sont issus de l'agriculture biologique. Jolie terrasse au bord de l'eau.
Entrepotdok, 36 • ☎ 330 09 29 • www.bloem36.nl • T.l.j. 11h-minuit (cuisine ferme à 21h).

VOIR AUSSI :

Borrl Kitchen | p. 92 | ⑥⑤ Plan E3

Notre top des CUISINES EXOTIQUES

En terre de marins, le goût pour l'évasion est omniprésent et se retrouve jusque dans l'assiette. Entre les cuisines importées du temps de la Compagnie des Indes et celles des récentes migrations, embarquez pour un tour du monde du palais.

SICHUAN FOOD

Sous des allures de restaurant chinois standard, un ancien étoilé de bon niveau. Voir p. 116, **Rokin**.

JAPANESE PANCAKE WORLD

Découvrez une cuisine japonaise peu connue en Europe, à base de galettes garnies. Voir p. 119, **Jordaan**.

SEGUGIO

Une romantique adresse italienne nichée dans un bâtiment typique de la ville aux canaux. Voir p. 122, **Rembrandtplein**.

INDONESIAN KITCHEN

Le parfait rendez-vous entre authentiques spécialités indonésiennes et *rijsttafel* revisités par les Hollandais. Voir p. 124, **Negen Straatjes**.

MANA MANA

Un petit restaurant israélien qui propose une goûteuse cuisine essentiellement végétarienne. Voir p. 127, **De Pijp**.

Bazar

BAZAR

L'éclat et les saveurs des cuisines orientales et nord-africaines, dans une ancienne église. Voir p. 127, **De Pijp**.

Autour de Centraal Station (Quartier 15 – p. 94)

OMELEGG
Omelettes ⑥⑥ Plan H6

Cette adresse décline l'omelette à l'envi. Battus avec des épinards, des champignons, des oignons et du fromage, les œufs deviennent une « Popeye » ; mêlés à du salami, des tomates séchées, de l'origan et du fromage, c'est une « Italian Job ». Il y a aussi une version sucrée avec miel, noisettes, dattes et cannelle. Autre spécialité : *chicken burger* (avec œuf au plat).

Nieuwebrugsteeg, 24 • ☎ 233 24 06 • www.omelegg.com • Lun.-ven. 7h-16h, sam.-dim. 8h-16h • Omelettes : 5,90-9,95 €.

WORST
Bar à vins ⑥⑦ Cartes p. 64 et 94

Outre de délicieux cépages (au verre ou à la bouteille), ce bar à vins propose des assortiments de charcuterie (16-22,50 €), des bouchées végétariennes et une large gamme de saucisses (*worst*) : de fenouil et poivrons braisés, de poulet, morilles et épinards, ou d'agneau avec de la coriandre (9 €).

Barentszstraat, 171 • Bus 48 • ☎ 625 61 67 • www.deworst.nl • Mar.-jeu. 12h-minuit, ven.-sam. 12h-1h.

De Silveren Spiegel

DE SILVEREN SPIEGEL
Gastronomique ⑥⑧ Plan G6

Dans une maison du XVIIe s. éclairée aux chandelles, une cuisine très inventive pour chaque plat, concoctée par un chef gourmet et amateur de vins français.

Kattengat, 4-6 • ☎ 624 65 89 • www.desilverenspiegel.com • Lun.-sam. 18h-22h (f. lun. juil.-août) • Menus 6 et 7 plats : 65 et 75 €.

STOUT !
Cuisine du monde ⑥⑨ Plan C1

Dans un cadre design (chromes et couleurs primaires), on peut, le soir, partager entre amis le « Plateau Stout », soit 5 entrées et 5 plats (29,50 €/pers.). Une bonne cuisine du monde qui jongle avec les saveurs et les produits de saison.

Haarlemmerstraat, 73 • Bus 18, 21 et 22 • ☎ 616 36 64 • www.restaurantstout.nl • Dim.-jeu. 11h-1h, ven. 11h-3h, sam. 10h-3h.

Une table d'hôtes sur Vuurtoreneiland

Une poignée de convives embarquent à hauteur du Lloyd Hotel (voir p. 101) pour un repas d'exception sur l'île de Vuurtoreneiland. Le menu de cette insolite table d'hôtes change chaque semaine. Un tarif unique pour une expérience cinq services, transport en bateau inclus.

Vuurtoreneiland (Hors plan par F1) • ☎ 362 16 64 • Mar.-sam. soir, dim. ap.-m. • www.vuurtoreneiland.nl • Résa en ligne • Durée : 5h, bateau + repas : 100 €.

VINNIES DELI
Sur le pouce ⑦⓪ Plan C1

Une fois passé le comptoir, on tombe sur un bel espace douillet fait de mobilier chiné (et d'un piano !). On peut boire un café (1 € avant 9h, sinon 2,50 €) ou un jus de fruits frais. La plupart des produits (gâteaux à 4 €, sandwichs...) sont faits maison, avec des ingrédients issus de l'agriculture biologique.

Haarlemmerstraat, 46 • Bus 18, 21 et 22 • ☎ 771 30 86 • www.vinnieshomepage.com • Lun.-ven. 7h30-18h, sam. 9h-18h, dim. 9h30-18h.

BELHAMEL
Hollandais, italien et français ⑦① Plan C1-2

Un décor Art nouveau de toute beauté donne à ce restaurant des allures de brasserie parisienne. On y découvre une alliance raffinée de gastronomies néerlandaise, italienne et française. Les viandes sont excellentes et le cheese cake est à tomber. Beau choix de vins.

Brouwersgracht, 60 • Bus 18, 21 et 22 • ☎ 622 10 95 • www.belhamel.nl • T.l.j. 12h-16h et 18h-22h (22h30 ven.-sam.) • Menus : 35, 38 et 45 € • Bœuf Belhamel : 24,50 €.

Le port et les îles orientales (Quartier 16 - p. 98)

GREETJE
Hollandais ⑦② Plan I7

Dans ce restaurant hollandais, les traditions sont respectées et revues avec élégance, dans un cadre qui évite la surcharge. Un assortiment d'entrées (18 €) et de desserts (15 €), pour deux personnes minimum, permettent de goûter un maximum de spécialités.

Peperstraat, 23-25 • ☎ 779 74 50 • www.restaurantgreetje.nl • T.l.j. 18h-21h (cuisine jusqu'à 23h ven.-sam.).

VOIR AUSSI :

Kanis & Meiland | p. 103 |
⑦③ Carte p. 98

Amsterdam Noord (Quartier 17 - p. 106)

BROOKLYN
Hollandais ⑭ Carte p. 106

Au cœur de NDSM se dresse l'hôtel Hilton sur une vaste place bétonnée. Au rez-de-chaussée, son restaurant cosy propose une cuisine simple et roborative. Outre un panel classique de sandwichs et de salades (8-14€), vous pourrez déguster des spécialités néerlandaises telles que les *kroketten*, petites quenelles de purée et de veau haché enrobées de chapelure, servies avec une salade (8,50 €).

NDSM-Plein 28 • Ferries 903, 905 et 906 • ☎ 722 06 66 • www.doubletree3.hilton.com • T.l.j. 7h-22h.

CAFÉ MODERN
Gastronomique ⑮ Carte p. 106

Ce restaurant est installé dans une ancienne banque. Sur les tables en Formica viennent se poser des assiettes élaborées et gourmandes. Quelques éléments, dont les toilettes installées dans les anciens coffres, rappellent l'ancienne fonction économique du bâtiment.

Meidoornweg, 2 • Ferry pour Buiksloterweg • ☎ 494 06 84 • www.modernamsterdam.nl • Lun.-sam. 18h-minuit • Menu 4 plats : 40 €.

PLLEK
Sur le pouce ⑯ Carte p. 106

Un restaurant installé dans un conteneur d'expédition : à peine étonnant quand on se trouve sur l'ancien chantier naval ! Service continu avec une préférence pour celui du midi afin de déguster un sandwich ou une salade, installé en terrasse.

TT Neveritaweg, 59 • Accessible en bac • ☎ 290 00 20 • www.pllek.nl • T.l.j. 9h30-1h (3h ven.-sam.) • Plat : 16,50 €.

VOIR AUSSI :

ONS | p. 108 | ⑰ Plan D1

En dehors des quartiers de visite

REM EILAND
Hollandais ⑱ Hors plan par C1

Cette ancienne télévision pirate, aménagée dans des conteneurs sur pilotis, est devenue un restaurant tendance qui surplombe la ville. À côtoyer de préférence le jour, pour admirer la vue imprenable, le temps d'une *appeltaart* (tarte aux pommes, 3,50 €) ou pour faire une pause sandwich (tartare, houmous ou croque, 8-10 €) à l'heure du déjeuner. Quand la nuit tombe, le ballet des bateaux sur l'IJ, les lumières de la ville et des plats plus élaborés vous attendent (risotto de langoustines, cassoulet de poisson ou confit de canard,

13,50-24 €). Un restaurant qui mérite de s'éloigner du centre !
Haparandadam, 45-2 (face à NDSM, sur la rive sud) • ☎ 688 55 01 • www.remeiland.com • T.l.j. 12h-22h.

DE KAS
Gastronomique ⑲ **Plan F5**

Du potager à l'assiette, un rêve devenu réalité pour Gert-Jan Hageman, qui procure à son établissement uniquement des produits ultra-frais et des légumes de saison. Ils sont servis dans d'anciennes serres municipales datant de 1926, où l'on déjeune à la lumière naturelle.
Parc Frankendael • Kamerlingh Onneslaan, 3 • Tram 9 • ☎ 462 45 62 • www.restaurantdekas.nl • Lun.-ven. 12h-14h et 18h30-22h, sam. 18h30-22h • Midi : menus 3 ou 4 plats : 32,50 ou 42,50 € ; soir : menu 5 plats 52,50 €.

WILDE ZWIJNEN
Viande ⑳ **Hors plan par F4**

Vous ne regretterez pas de vous être aventuré jusqu'ici pour vous attabler dans l'antre de ce « sanglier sauvage ». Sur fond de rock garage, la brigade fait déclamer des versets poétiques à la gastronomie hollandaise. Les produits du cru se muent en mets raffinés et s'accompagnent d'éblouissants vins du soleil.
Javaplein, 23 • Tram 14 • ☎ 463 30 43 • www.wildezwijnen.com • Lun.-jeu. 18h-22h15, ven.-dim. 12h-16h et 18h-22h15 • Résa indispensable • Menus 3 et 4 plats : 31,50 et 37,50 €.

La cuisine hollandaise

Il serait quelque peu exagéré de parler de gastronomie à propos de la cuisine hollandaise. Très curieusement, ces grands voyageurs que furent les Néerlandais ont, à l'instar des Anglais, délibérément ignoré l'art d'accommoder les épices dont ils faisaient grand commerce. Ils apprécient toutefois particulièrement la cuisine indonésienne, dont les différentes saveurs se conjuguent autour d'un *rijsttafel* ou « table de riz ».

SAVEURS ET PARFUMS D'ORIENT

En 1594, les Hollandais fondent à Amsterdam la première **Compagnie des Indes orientales.** De leurs voyages, ils rapportent **quantité d'épices** : poivre, noix de muscade, clous de girofle, safran, piments... et le goût pour la cuisine indonésienne qu'ils accommodent à la **sauce hollandaise.**

LE *RIJSTTAFEL*

Le ***rijsttafel*** est un résumé pantagruélique des saveurs indonésiennes. Il se compose en général de riz accompagné de **huit préparations différentes** (mais cela peut aller jusqu'à cinquante) : beignets de crevettes, brochettes de poulet ou encore boulettes de viande accompagnées de légumes cuits à la vapeur. Ce plat fait désormais tellement partie du patrimoine hollandais que la faïencerie de Delft a créé un service de vaisselle spéciale pour le *rijsttafel* : il s'agit de neuf plats qui s'emboîtent les uns dans les autres autour d'une pièce centrale étoilée.

La pause café

Si les Hollandais consacrent peu de temps aux repas, la pause café est sacrée. On boit ainsi tout au long de la journée des *kopjes koffie* agrémentés d'une petite douceur comme des chocolats, de délicieuses pastilles Droste, des biscuits à la cannelle *(speculaas)* ou au beurre. Les gourmands craqueront pour l'incomparable *appeltaart* (tarte aux pommes) ou la fameuse *limburgse vlaai* (tarte aux fruits).

CUISINE TRADITIONNELLE

Pour goûter à la simple et nourrissante cuisine hollandaise, il faut aller dans les restaurants qui affichent le logo **Neerlands Dis.** Là, vous pouvez être certain d'être rassasié. La soupe aux pois cassés parfumée au lard est si épaisse que la cuillère peut tenir droite dans le plat ! Toujours parmi les entrées, n'hésitez pas à tester les

croquettes de viande d'où s'échappe de la fumée dès que vous percez la croûte de chapelure.

LE *HUTSPOT*

Ce plat traditionnel constitué d'un **ragoût de viande** accompagné de **légumes de saison** commémore la levée du siège de Leyde par les Espagnols en 1574. Alors que l'ennemi venait d'abandonner ses positions, un jeune garçon aurait trouvé une marmite de pot-au-feu. Si les ingrédients ne sont pas tout à fait les mêmes qu'à l'origine, car la pomme de terre n'était pas encore sur toutes les tables d'Europe, ce plat reste traditionnel et les habitants de Leyde le dégustent toujours le 3 octobre.

LES PRODUITS DE LA MER

Le 25 mai s'ouvre la pêche aux **harengs**. Les Hollandais, qui en raffolent, les consomment crus et assaisonnés aux grains de poivre *(nieuwe haring)*. Les nombreuses ***haringkarren*** (charrettes à harengs) stationnées le long des canaux servent tout au long de l'année le ***maatjesharing*** ou hareng mariné, avec des oignons. Qu'elle soit « au vert » ou fumée, **l'anguille** *(paling)* pêchée dans l'IJsselmeer a également de nombreux amateurs.

HARENG, MODE D'EMPLOI

Comment manger le ***nieuwe haring*** à la mode hollandaise ? Tenir le hareng par la queue au-dessus de la tête renversée et l'avaler en plusieurs bouchées ! Attention, le hareng nouveau doit sentir la marée et être exempt de tache rouge sombre sur le dos. Pour faire local, on le déguste avec un **petit genièvre glacé.** Bon appétit !

LE FROMAGE

Pour beaucoup, **gouda** est synonyme de fromage hollandais. Mais le premier exportateur mondial de fromage est également connu pour son **edam,** la Hollande s'étant spécialisée dès le Moyen Âge dans la fabrication des pâtes pressées non cuites. Le secret de leur saveur réside dans leur aptitude au vieillissement et dans l'ajout d'épices rapportées des Moluques. Le fromage hollandais se conserve et se goûte comme un grand cru, du jeune fromage fruité et moelleux au vieux, sec et piquant.

Bars, clubs & sorties

PAR QUARTIER

Les coups de cœur DE NOTRE AUTEUR 2019

Entre une micro-brasserie qui vous prend sous son aile, un bar derrière une porte dérobée et un café brun rétro, passez vos soirées dans les pas de Marjolaine.

'T MANDJE

J'adore le côté rétro assumé du plus vieux café brun gay et lesbien de la ville, entre sa déco, ses sessions d'accordéon et sa devise : *fun & respect !* Voir p. 143.

CAFÉ SOUND GARDEN

Un bar rock au top, pour changer des lieux super design mais parfois aseptisés, et faire le plein de bonne musique. Voir p. 146.

Brouwerij 't IJ

BROUWERIJ TROOST

À fréquenter pour sa grande terrasse en ébullition les soirs de beau temps, et pour son décor industriel qui rappelle l'origine de cette brasserie, l'ancienne usine à gaz de la ville. Voir p. 147.

DOOR 74

J'adore ce genre de bar feutré sans enseigne qui me donne l'impression de connaître tous les petits secrets d'une ville. Voir p. 149.

ROEST

Si, comme moi, vous aimez les endroits qui ne se prennent pas au sérieux et qui font tout pour vous surprendre, vous passerez à coup sûr une bonne soirée ! Voir p. 155.

BROUWERIJ 'T IJ

L'originalité d'un moulin en pleine ville, la saveur de bières fraîchement brassées et une terrasse au calme : tiercé gagnant. Voir p. 155.

À SAVOIR

ON SORT OÙ ?

Jazz, rock ou électro, DJ sets, bars feutrés et confidentiels ou vastes et ambiancés... Il y en a pour tous les goûts, pour tous les âges et dans tous les quartiers de la ville. Le quartier du **Spui** (Plan G8), le **Jordaan** (Plan B2), les abords de **Leidseplein** (Plan B4), mais aussi le **Quartier rouge** (Plan H6-7), de plus en plus branché, sont très animés le soir.

CAFÉS BRUNS OU BARS À COCKTAILS ?

À chaque lieu ses réjouissances. Pour la bière et le genièvre, cap sur les **cafés bruns** et les ***proeflokalen*** (bars à spiritueux), véritables institutions de la ville qui affichent, pour certaines, quatre siècles d'existence ! Pour les cocktails, on préférera les bars branchés aux vastes espaces, à la musique actuelle et à l'ambiance plus jeune.

CAFÉS BRANCHÉS ET CAFÉS DE NUIT

Les cafés de nuit sont des lieux tendance, agréables, où savourer une **bière** ou siroter un **cocktail** en écoutant de la **bonne musique**, ou en assistant à des concerts live de haut vol. Les meilleurs cafés branchés sont ouverts toute la journée et on peut y boire un café le matin, un thé l'après-midi ou y déjeuner d'une salade. Quand le soir arrive, ils se transforment en lieux de fête et de convivialité.

LES *COFFEE SHOPS*

Les ***coffee shops*** semblent être des cafés comme les autres : accueil chaleureux, ambiance conviviale, décor original. Sauf que l'on n'y boit pas d'alcool et que les drogues douces y sont vendues et autorisées. Si, depuis 2012, la consommation de cannabis n'est plus autorisée aux étrangers dans le sud du pays, cette législation ne s'applique pas à Amsterdam.

SE REPÉRER

Chaque adresse de lieu de sortie est associée à une pastille violette numérotée. Vous retrouverez toutes les adresses positionnées sur le plan détachable.

Bars, clubs & sorties PAR QUARTIER

Le Béguinage (Quartier 1 – p. 26)

BEER TEMPLE
Bar à bières ① Plan G7

Peter Van der Arend vous ouvre les portes du Nouveau Monde, ou du moins de ses IPA et autres blondes. 35 variétés, dont la Anderson Valley ou la Flying Dog, sont servies à la pression. Les pompes sont complétées par quelque 200 propositions en bouteille ou en canette. Une intruse : la Dutch Eagle, brassée par la maison en collaboration avec la brasserie Kees.

Nieuwezijds Voorburgwal, 250 • ☎ 627 14 27 • www.beertemple.nl • Dim.-jeu. 12h-minuit, ven.-sam. 12h-2h.

THE PILSNER CLUB
Café brun ② Plan G8

Aux côtés des touristes qui viennent découvrir un authentique café brun, ouvert en 1893, se trouvent de nombreux habitués ; de petites plaques nominatives attachées à certains sièges en témoignent. Cet établissement de bois sombre a des allures de couloir à remonter le temps. Si vous demandez votre chemin à des locaux, interrogez-les plutôt sur la direction du « Engelse Reet », le surnom du lieu.

Begijnensteeg, 4 • ☎ 623 17 77 • Lun.-jeu. 12h-1h, ven.-sam. 12h-2h.

SQUAT VRANKRIJK
Club ③ Plan G7

Cet ancien squat des années 1980 organise le mercredi la *What the F**** Queer Night*, mêlant musique et performances artistiques diverses (22h-1h). Le vendredi, changement d'ambiance avec une soirée dans la plus pure tradition punk (21h-3h). Si vous avez envie de manger un morceau, testez le repas vegan (5 €, dès 19h). Et jetez un œil à l'agenda, des concerts s'ajoutent aux rendez-vous.

Spuistraat, 216 • www.vrankrijk.org • Horaires variables • Accès libre • Dons bienvenus.

DANTE KITCHEN & BAR
Bar ④ Plan G8

Décor ultra-soigné, lumières tamisées, grands canapés de cuir, terrasse, belle carte des vins (de 3,50 à 5,50 € le verre) et des cocktails (de 7,50 à 11,50 €) et service prévenant sont des atouts qui vous inviteront à un séjour prolongé, ou à y revenir pour boire un verre.

Spuistraat, 320 • ☎ 774 74 73 • www.amsterdamdante.nl • Lun.-ven. 11h-1h, sam.-dim. 10h-1h.

Le Dam (Quartier 2 - p. 32)

TALES & SPIRITS
Bar à cocktails ⑤ Plan G6

Derrière les appellations amusantes, comme Mango Unchained (avec bourbon et Applejack, 15 €) ou Shut the F#$k up George! (marmelade d'orange et tequila, 11 €), se cachent des cocktails intéressants faisant des détours par les alcools rares, les épices et les fruits frais. Il y a aussi des cocktails à partager comme le Mojo Copper Kettle servi pour 4, dans une théière (50 €).
Lijnbaanssteeg, 5 • ☎ 655 356 467 • www.talesandspirits.com • Mar.-jeu. 17h30-1h, ven.-sam. 17h30-3h, dim. 17h30-1h.

WYNAND FOCKINK
Distillerie ⑥ Plan H7

Dans une ruelle derrière le Dam, l'ancienne distillerie fondée en 1679 est rouverte. Dans une ambiance cosy, vous pourrez déguster la production locale et d'autres marques de liqueurs et genièvres aromatisés à la coriandre, à l'anis ou aux herbes. La dégustation coûte 17,50 € et dure 45 min.
Pijlsteeg, 31 • ☎ 639 26 95 • www.wynand-fockink.nl • T.l.j. 15h-21h • Résa impérative.

IN DE WILDEMAN
Bar à bières ⑦ Plan H6

Ce bar à bières est un très bel endroit qui évoque une scène intimiste des peintres hollandais, avec ses lustres en cuivre, ses lambris et son dallage noir et blanc. Vous aurez l'embarras du choix parmi les 300 variétés de bières (1,90-5,50 €), dont 18 pressions.
Kolksteeg, 3 • ☎ 638 23 48 • www.indewildeman.nl • Lun.-jeu. 12h-1h, ven.-sam. 12h-2h.

VOIR AUSSI :
De Drie Fleschjes | p. 35 | ⑧ Plan G7

Rokin et Gouden Bocht (Quartier 3 - p. 38)

TERPENTIJN
Bar à cocktails ⑨ Plan G8

Dans ce bar qui s'inspire des traditions française et asiatique, tout est question de fusion, y compris dans les cocktails. Le cidre partage un verre avec de la vodka et de la cannelle, et le mezcal se retrouve face à un bitter au fenouil. Fait assez rare dans la ville pour être signalé : les prix démarrent à 8,50 € et ne dépassent quasiment jamais les 10 €.
Rokin, 103 • ☎ 333 00 14 • www.terpen-tijn.nl • Dim.-jeu. 10h-3h, ven.-sam. 10h-4h.

BIER FABRIEK
Bar à bières ⑩ Plan G7

D'énormes fûts en inox, des tuyaux qui zigzaguent au plafond, des verres qui trinquent et un brouhaha général parsemé de rires autour des grandes tables en bois brut : bienvenue à la Bier Fabriek ! Trois bières sont brassées ici même : une blonde, une rubis, une brune et une bière de saison. Certaines tables sont directement reliées aux fûts et équipées d'une tireuse en leur centre avec un système de compteur. Possibilité de manger sur place, notamment un poulet fermier mariné (14,50 €), et de repartir avec des bouteilles.

Nes, 67 • ☎ 528 99 10 • www.bierfabriek.com • Lun.-jeu. 15h-1h, ven. 15h-2h, sam. 13h-2h, dim. 13h-1h.

Du Nieuwmarkt au Prinsenhof (Quartier 4 - p. 44)

FRASCATI THEATER
Théâtre ⑪ Plan G7

Dans cette longue rue étroite, un petit théâtre d'art et d'essai s'est spécialisé dans des pièces et des chorégraphies contemporaines. Il n'est pas toujours nécessaire de comprendre le néerlandais pour assister à l'un de ces spectacles qui sont parfois déroutants.

Nes, 63 • ☎ 626 68 66 • www.frascatitheater.nl • Billets à partir de 5 €.

Frascati Theater

DE BEKEERDE SUSTER
Bar ⑫ Plan H7

Ce bar est installé dans l'ancien couvent de Béthénie, lieu d'accueil des filles perdues... d'où son nom de « Sœur Convertie ». Sa spécialité : les bières artisanales amères ou de saison (Witte Antonia, De Blonde Barbier, etc.), brassées dans l'arrière-salle.

Kloveniersburgwal, 6 • ☎ 423 01 12 • www.debekeerdesuster.nl • Lun.-jeu. 12h (15h en hiver)-1h (minuit le lun.), ven.-dim. 12h-2h (minuit le dim.). • Bières : à partir de 3,95 €.

DE ENGELBEWAARDER
Café jazz ⑬ Plan H7

Une atmosphère détendue dans ce café sympa fréquenté par les gens de la presse. Le dimanche, c'est le jour des amateurs de jazz, qui viennent écouter des jam-sessions l'après-midi, à partir de 16h30 (sauf juillet-août).

Kloveniersburgwal, 59 • ☎ 625 37 72 • www.cafe-de-engelbewaarder.nl • Lun.-jeu. 10h-1h, ven.-sam. 10h-3h, dim. 11h-1h • Bières : à partir de 2,50 €.

De Wallen, le Quartier rouge (Quartier 5 - p. 48)

Tonton Club

TONTON CLUB
Bar à jeux ⑭ Plan H7

Dans ce bar, la salle est occupée par une série de bornes d'arcade, comme *Street Fighter*, mais il est possible de jouer à des jeux de plateau ou plus expérimentaux. Essayez le « Air Hokey », un soft ou une bière à la main, ou encore la « grue » pour attraper des mignonnettes d'alcool (2 €).

Sint Annendwarsstraat, 6 • ☎ 06 34 412 913 • www.tontonclub.nl • Lun.-mar. 16h-minuit, mer.-dim. 12h-0h15.

'SKEK
Bar ⑮ Plan H6

C'est probablement le fait que le bar soit géré par des étudiants qui confère à l'endroit son caractère détendu. Il y a

Notre sélection de CAFÉS BRUNS

Les cafés bruns témoignent d'une autre époque avec leurs murs patinés d'une nicotine désormais bannie, leurs lambris sombres, leurs cuivres étincelants. On y croise aussi bien des touristes que des habitués qui accompagnent leur bière d'un petit verre de genièvre, et nombre d'amis plus enclins à se retrouver à l'extérieur qu'à organiser des dîners chez eux.

IN 'T AEPJEN

La maison ne désaltère certes plus les marins accompagnés de singes *(aepjen)*, mais il y règne une ambiance particulière. Voir p. 95, **Centraal Station.**

CAFÉ HOPPE

Une institution qui se décline en deux versions : l'originale, avec vitraux, et la moderne à côté, qui attire un public plus jeune. Voir p. 27, **Le Béguinage.**

'T MANDJE

Sous le haut patronage de « Tante Bet », un bar gay ouvert depuis pas moins de 90 ans. Voir ci-dessous, **De Wallen.**

DE TWEE ZWAANTJES

Quand l'authenticité d'un café brun rencontre... le karaoké (le jeudi). Ambiance festive toute la semaine. Voir p. 145, **Jordaan**.

CAFÉ BRANDON

Impossible de remonter le Keizersgracht en soirée sans être attiré par l'animation qui fait perpétuellement vivre ce sympathique café. Voir p. 146, **Jordaan**.

CAFÉ CHRIS

On peut avoir près de 400 ans d'existence et attirer une population jeune : ambiance détendue dans un cadre d'époque ! Voir p. 146, **Jordaan**.

également des snacks bio pour accompagner les bières (2,50 €).
Zeedijk, 4 • ☎ 427 05 51 • www.skek.nl • Lun. 16h-1h, mar.-jeu. et dim. 12h-1h, ven.-sam. 12h-3h.

'T MANDJE
Café brun ⑯ Plan H6

Tout le monde est le bienvenu dans ce café brun gay et lesbien à la devise « *fun & respect* » ! À l'initiative de Bet Van Beeren - ou « Tante Bet » -, il a ouvert en 1927, ce qui en ferait le plus ancien du monde. Déco de bric et de broc, photos rétro et réjouissances le dimanche, où l'on y chante au son de l'accordéon !

Zeedijk, 63 • ☎ 622 53 75 • www.cafetmandje.nl • Mar.-jeu. 16h-1h, ven. 16h-3h, sam. 15h-3h, dim. 16h-1h • Assiette de fromage : 3,50 €.

DE OOIEVAAR
Café ⑰ Plan H6

Si la maison très sympathique qui abrite cette vénérable institution penche un peu, c'est qu'elle est très ancienne (1620)... et non que vous avez bu trop de petits verres givrés emplis d'*oud* très parfumé.

St Olofspoort, 1 / angle Zeedijk • ☎ 0631 586 941 • www.proeflokaaldeooievaar.nl • Dim.-jeu. 12h-1h, ven.-sam. 12h-3h • Verres de genièvre : 2,50 €.

LIME
Bar à cocktails ⑱ Plan H7

Au cœur du quartier chinois, ce bar est une immersion totale dans les années 1960 et 1970. Vous pourrez siroter des cocktails à base de vodka (6 € de 17h à 21h), installé dans un fauteuil moelleux. Cool et décontracté.

Zeedijk, 104 • ☎ 639 30 20 • Ven.-sam. 17h-3h, dim.-jeu. 17h-1h.

WINSTON
Bar, club ⑲ Plan H7

Un hôtel-bar-club au cœur du Quartier rouge. Dans le salon chaleureux et convivial, il y a sept jours sur sept des soirées branchées, des performances de DJ et des concerts. Cheeky Monday, la soirée à succès du lundi sur le thème drum'n'bass, est celle à ne pas rater.

Café 'T Smalle

Warmoesstraat, 131 • ☎ 623 13 80 • www.winston.nl • Dim.-jeu. 20h-4h, ven.-sam. 21h-5h • Entrée : gratuite ou 5-12,50 €.

IN DE OLOFSPOORT
Bar à spiritueux ⑳ Plan H6

Derrière la façade Renaissance dessinée par H. De Keyser en 1619 se cache l'un des meilleurs *proeflokalen* d'Amsterdam. Ce café propose le plus grand choix de genièvres et de liqueurs, telles « Hartje Mokum » ou celle parfumée au *speculaas*. Des nectars à déguster dans le verre idoine.

Nieuwebrugsteeg, 13 • ☎ 624 39 18 • www.olofspoort.com • Lun.-sam. 16h-23h ; f. dim.-lun. en juil.-août • Dégustation de spiritueux : 19,50 €.

Jodenbuurt (Quartier 6 - p. 54)

MUZIEKTHEATER
Spectacles ㉑ Plan H8

Le complexe du Stopera peut accueillir 1600 spectateurs. Le Ballet national et le Nederlandse Opera y sont à demeure, donnant des représentations assez éclectiques, du classique aux nouvelles créations.

Amstel, 3 • ☎ 625 54 55 • www.operaballet.nl • Spectacles : 19h ou 20h15, dim. 13h30 ou 14h • Danse : 15-52,50 €. Opéra : 15-150 €.

Le Jordaan (Quartier 7 - p. 60)

DE TWEE ZWAANTJES
Café brun ㉒ Plan B2

Ce café brun est typique du quartier du Jordaan. *Live music* le week-end à partir de 22h de novembre à avril (chant les vendredis et samedis, accordéon le dimanche). Le public est mélangé et l'ambiance populaire.

Prinsengracht, 114 • Trams 13, 14 et 17 • ☎ 625 27 29 • www.cafedetweezwaantjes.nl • Dim.-jeu. 15h-1h, ven.-sam. 15h-3h (ouv. 12h mars-oct.) • Bières : à partir de 2,40 €.

CAFÉ 'T SMALLE
Café ㉓ Plan B2

Jolis vitraux émaillés et mobilier patiné constituent le décor de ce café ouvert depuis 1780 !
La reine Béatrix est venue goûter à cette atmosphère chaleureuse... mais elle est restée dehors, sur la terrasse flottante prise d'assaut dès le premier rayon de soleil.

Egelantiersgracht, 12 • Trams 13, 14 et 17 • ☎ 623 96 17 • www.t-smalle.nl • Dim.-jeu. 10h-1h, ven.-sam. 10h-2h • Sandwichs : 4,25-6 € • Salades : 6,70-9,15 €.

Café Brandon

DE VERGULDE GAPER
Gastropub ㉔ Plan B2

Boiseries sombres, canapés anglais, mobilier industriel et large comptoir en bois, ce gastropub respecte ses classiques ! Les Amstellodamois du quartier se retrouvent ici pour trinquer ou partager un repas (burger, *rib-eye* ou moussaka végétarienne, 15-20 €) dans une ambiance détendue. La carte bien garnie en petits snacks (*bitterballen*, fromages hollandais) à partager autour d'un verre peut largement se substituer à un dîner.
Prinsenstraat, 30 • ☎ 624 89 75 • www.deverguldegaper.nl • Lun. 10h-1h, mar.-jeu. 11h-1h, ven. 11h-3h, sam. 10h-3h, dim. 11h-1h.

CAFÉ SOUND GARDEN
Bar ㉕ Plan A2

« *It's Only Rock 'N' Roll (But I Like It)* » des Stones pourrait être le titre le plus adapté à cet établissement un rien je-m'en-foutiste qui affiche un sens très personnel de la décoration (et parfois de l'accueil). Mais ça serait oublier la qualité de la programmation, la formidable terrasse au bord de l'eau, les billards et baby-foot, et la singulière ambiance tendance grunge qui plaira aux blasés des bars branchés.
Marnixstraat, 164/166 • Trams 10, 13, 14 et 17 • ☎ 620 28 53 • Lun.-jeu. 13h-1h, ven. 13h-3h, sam. 15h-3h, dim. 15h-1h.

CAFÉ BRANDON
Café brun ㉖ Plan B2

C'est l'un des plus anciens bars d'Amsterdam : il a ouvert ses portes en 1626 et rien n'a bougé depuis, ou presque. Pas de musique, seulement un petit bar et une salle de café brun. L'été, la terrasse est fréquentée par les Amstellodamois.
Keizersgracht, 157 • Trams 13, 14 et 17 • ☎ 362 99 21 • Lun.-jeu. 15h-1h, ven.-sam. 12h-3h, dim. 12h-1h • Bières : à partir de 3 €.

CAFÉ CHRIS
Café brun ㉗ Plan B2

Situé dans le Jordaan près de Westerkerk, ce vieux café brun (1624) est fréquenté par un grand nombre d'étudiants amstellodamois qui peuplent le quartier.
Bloemstraat, 42 • Trams 13, 14 et 17 • ☎ 624 59 42 • www.cafechris.nl • Lun.-jeu. 15h-1h, ven.-sam. 15h-2h, dim. 15h-23h • Bières : à partir de 2,50 €.

Autour de Westerpark (Quartier 8 - p. 64)

WESTER WIJNFABRIEK
Bar à vins ㉘ Carte p. 64

Avec 70 crus à la carte et un laboratoire pour fabriquer son propre vin, ce petit bar et son agréable terrasse vous promettent non pas une dégustation, mais une expérience. À fréquenter en soirée pour découvrir des vins autour de planches de charcuteries et de fromages locaux, ou bien l'après-midi, avec des amis, pour se lancer dans un concours de vin : par équipe de quatre, vous tentez d'élaborer le meilleur mélange et de décrocher la première place ! Petit plus : il est possible de remplir sa bouteille au comptoir et de partir pique-niquer dans Westerpark.

Pazzanistraat, 10 • ☎ 261 38 18 • www.westerwijnfabriek.nl • Mar.-jeu. 16h-minuit, ven. 16h-1h, sam. 14h-1h, dim. 14h-minuit • 35 €/pers. • Durée : 1h30.

BROUWERIJ TROOST
Brasserie ㉙ Carte p. 64

Une vaste terrasse pour savourer son breuvage au coucher du soleil en été, ou bien une grande cantine avec ses tables accolées, dans un joyeux brouhaha et entouré des fûts en inox où sont brassées les bières : à vous de choisir ! Dans les anciens locaux de l'usine à gaz (voir p. 65), on brasse aussi bien de la Pilsner, de la Weizen, des I.P.A., de l'Amber Ale ou de la limonade, et vous pouvez même repartir avec. Chaque samedi à 16h, il est possible de visiter la brasserie (6 €/pers., 45 min).

Pazzanistraat, 25-27 • ☎ 737 10 28 • www.brouwerijtroostwestergas.nl • Lun.-jeu. 16h-1h, ven. 16h-3h, sam. 12h-3h, dim. 12h-minuit.

PACIFIC PARC
Concerts ㉚ Carte p. 64

Au cœur de la Westergasfabriek, c'est une escale incontournable. On peut y manger ou y boire un verre dès 11h, mais c'est le soir que la fête bat son plein, entre concerts, soirées thématiques, sets de DJ.

Cultuurpark Westergasfabriek Polonceaukade, 23 • Bus 22 • ☎ 488 77 78 • www.pacificparc.nl • Dim.-jeu. 11h-1h, ven.-sam. 11h-3h • Entrée gratuite ; 3 € ven.-sam. à partir de 23h.

GASHOUDER
Concerts ㉛ Carte p. 64

Cet impressionnant bâtiment circulaire avec ses piliers de fer forgé servait à stocker du gaz (voir p. 65). Il a été transformé en lieu d'exposition, de concerts et d'événements et il accueille le festival *Awakenings*. Les amateurs de musique électronique ne regretteront pas d'avoir jeté un œil à l'agenda.

Klönneplein, 1 • Bus 21 • ☎ 586 07 11 • www.westergasfabriek.nl • Horaires variables, consulter leur site Internet.

Les plus belles terrasses AU BORD DE L'EAU

Amsterdam a une culture de la terrasse digne des villes du Sud. Même en dehors des mois cléments, les Amstellodamois n'hésitent pas à s'attabler dehors avec lunettes de soleil ou couverture, selon la météo.

Waterkant

WATERKANT

Ce rendez-vous d'afterwork de la jeunesse amstellodamoise propose de succulents snacks surinamais. Voir p. 149, **Negen Straatjes.**

SUPPERCLUB CRUISE

Le week-end, ce bateau largue les amarres pour une croisière dîner et clubbing. Voir p. 154, **Centraal Station.**

CAFÉ T' SMALLE

Une presqu'île de bonheur flottant au cœur du Jordaan. L'intérieur est tout aussi charmant. Voir p. 145, **Jordaan.**

CAFÉ DE JAREN

Cette élégante terrasse posée sur l'eau fait pâlir d'envie les touristes qui la longent en péniche. Voir p. 41, **Rokin.**

CAFÉ WALEM

La vaste terrasse de ce café design et ses cocktails classiques attirent une clientèle cosmopolite. Voir p. 151, **Leidseplein.**

Rembrandtplein (Quartier 9 - p. 68)

DOOR 74
Bar secret ㉜ Plan G8

Ce discret établissement fut le premier des Pays-Bas à inaugurer la vague des *speakeasies*, ces bars à cocktails cachés, qui s'abattit ensuite sur l'Europe. Les réservations se font par téléphone, le jour même. Dans cet esprit de confidentialité, aucune enseigne lumineuse n'indique sa présence. Sonnez à la porte noire et attendez qu'on vous installe dans l'ambiance feutrée et sophistiquée. Les breuvages et leur mise en scène rivalisent d'originalité.

Reguliersdwarsstraat, 74 • ☎ 06 340 45122 • www.door-74.com • Dim.-jeu. 20h-3h, ven.-sam. 20h-4h • Cocktails : 10-15,50 €.

Negen Straatjes (Quartier 10 - p. 72)

WATERKANT
Bar à bières ㉝ Plan A3

La silhouette du City Parking, au rez-de-chaussée duquel se situe ce bar, fait penser au Guggenheim new-yorkais avec ses deux tours rondes et blanches. Mais ce sont les bars de Paramaribo, la capitale surinamienne, qui inspirèrent les propriétaires. L'occasion de découvrir la Parbo Bier sur la fabuleuse et grande terrasse.

Marnixstraat, 246 • Trams 10 et 17 • ☎ 737 11 26 • www.waterkantamsterdam.nl • Dim.-jeu. 11h-1h, ven.-sam. 11h-3h.

PROEFLOKAAL A. VAN WEES
Bar à spiritueux ㉞ Plan G8

Des tonneaux empilés jusqu'à la voûte et des tables en bois constituent le décor de cette ancienne distillerie où vous pourrez déguster l'une des genièvres Van Wees. Vous y trouverez 20 sortes de genièvres et plus de 60 sortes de liqueurs différentes.

Herengracht, 319 • ☎ 625 43 34 • www.proeflokaalvanwees.nl • Dim.-mer. 12h-minuit, jeu. 12h-1h, ven.-sam. 12h-2h • Verres de genièvre : 3-4 €.

Leidseplein (Quartier 11 - p. 76)

MELKWEG
Concerts, théâtre ㉟ Plan B4

Cette ancienne laiterie près de la Leidseplein, qui fut le haut lieu de la pop music des seventies et le rendez-vous des hippies, a changé de look. Films, concerts pop et world music, danse, performances, théâtre

d'avant-garde et un restaurant sont ses nouvelles activités.
Lijnbaansgracht, 234a • Trams 1, 2 et 5 • ☎ 531 81 81 • www.melkweg.nl • Horaires variables, programme sur leur site Internet • Entrée : 12 €.

STADSSCHOUWBURG
Concerts ㊱ Plan B4

Dans cette salle, différentes compagnies néerlandaises et étrangères donnent des représentations théâtrales, lyriques et de danse.
Leidseplein, 26 • Trams 1, 2 et 5 • ☎ 624 23 11 • www.stadsschouwburgamsterdam.nl • Résa : lun.-sam. 12h-18h, dim. et j.f. 2h avant le spectacle • Places : 11-35 €.

THEATER BELLEVUE
Spectacles ㊲ Plan B4

Ce théâtre est spécialisé dans les représentations de musique et de danse du monde entier.
Leidsekade, 90 • Trams 1, 2 et 5 • ☎ 530 53 01 • www.theaterbellevue.nl • Lun.-sam. à 12h30 et 20h30, dim. à 15h, 16h30 et 19h ou 20h • Places : 7,50-22,50 €.

HOLLAND CASINO
Casino ㊳ Plan B4

Si la roulette, le black-jack ou le poker vous tentent, rendez-vous au casino. On peut également valser au son de l'orchestre.
Max Euweplein, 62 • Trams 1, 2 et 5 • ☎ 521 11 11 • www.hollandcasino.nl/amsterdam • T.l.j. 12h-3h • Entrée : 5 €.

DE LA MAR THEATER
Spectacles ㊴ Plan B4

Longtemps haut lieu de cabaret, ce théâtre a rouvert ses portes en 2010. La programmation est éclectique dans ses deux salles : théâtre contemporain international, comédies musicales. Des expositions d'art contemporain ont lieu dans les foyers.
Marnixstraat, 402 • ☎ 0900 33 52 627 (1 € l'appel) • www.delamar.nl • Places : 15-45 €.

PARADISO
Spectacles ㊵ Plan B4

Ancien temple des hippies où l'on écoutait de la musique indienne dans les volutes d'encens et de marijuana, cette église désaffectée est devenue une salle de spectacle au public très varié. On peut y écouter tout type de musique à un prix raisonnable.
Weteringschans, 6-8 • Trams 7 et 10 • ☎ 626 45 21 • www.paradiso.nl • Horaires variables, consulter leur site Internet • Entrée : env. 12,50 €.

DE BALIE
Café ㊶ Plan B4

C'est le grand café favori des noctambules du coin après le cinéma et le théâtre, ou avant la sortie en club.
Kleine Gartmanplantsoen, 10 • Trams 1, 2, 5, 7 et 10 • ☎ 553 51 30 • www.debalie.nl • Lun.-jeu. 9h-1h, ven. 9h-3h, sam. 10h-3h, dim. 10h-minuit Verres de vin : 3,75-5,75 €.

CAFÉ WALEM
Café ㊷ Plan B3

Avec sa verrière en façade et son escalier industriel, il fut le premier café design d'Amsterdam. Fréquenté par des acteurs de *soap operas*, il est renommé pour son décor et ses deux agréables terrasses, l'une sur le canal, l'autre sur le jardin.

Keizersgracht, 449 • Trams 1, 2, 5, 11 et 12 • ☎ 625 35 44 • www.walem.nl • Lun.-jeu. et dim. 9h-23h, ven.-sam. 9h-minuit • Cocktails : 5,50-9 €.

Café Walem

CAFÉ BOURBON STREET
Club de jazz ㊸ Plan B4

Un club-jazz au niveau sonore élevé et à la fréquentation maximale le week-end. Au programme : jam-session tous les lundis à 22h et concerts de blues, rock, soul et funk les autres soirs.

Leidsekruisstraat, 6-8 • Trams 1, 2 et 5 • ☎ 623 34 40 • www.bourbonstreet.nl • Dim.-jeu. 22h-4h, ven.-sam. 22h-5h • Entrée : gratuite lun. et t.l.j. jusqu'à 23h, ensuite de 3 à 5 €.

Le quartier des musées et Vondelpark (Quartier 12 - p. 80)

MOMO
Bar à cocktails ㊹ Plan B4

C'est l'un des meilleurs bars à cocktails de la ville, où l'on peut également déjeuner ou dîner. Avec sa cuisine ouverte sur la salle, on découvre un style culinaire *Asian & fusion food*.

Hobbemastraat, 1 • Trams 2 et 5 • ☎ 671 74 74 • www.momo-amsterdam.com • Dim.-jeu. 10h-1h, ven.-sam. 10h-2h • Résa dîner • Cocktails : env. 14,50 €.

CONCERTGEBOUW
Concerts ㊺ Plan B5

Renommé pour la grande qualité de son acoustique, cette salle de concert est le siège de l'Orchestre royal néerlandais (voir p. 84). Des concerts gratuits ont lieu les mercredis à 11h30 (réservation en ligne).

Concertgebouwplein, 2-6 • Trams 3, 5, 12 et 16 • ☎ 0900 671 83 45 (1 € l'appel) • www.concertgebouw.nl • Résa : t.l.j. 10h-17h • Places : 20-80 €.

De Pijp (Quartier 13 - p. 86)

BAR MASH
Bar ⑯ Plan C5

C'est probablement l'un des bars les plus petits (et par extension cosy) de la ville : à peine 40 m². On trouve des produits d'exception comme la Weihenstephan (plus ancienne bière du monde, 3,40 €) ainsi que des cocktails bien balancés tel le Dark'n'stormy (rhum, ginger ale, citron, angustura, 7,90 €). La terrasse accueille les fêtards en nombre quand le temps est à la dégustation extérieure.

Gerard Douplein, 9 • Tram 16 • ☎ 664 44 28 • T.l.j. 14h-1h.

COFFEE & COCONUTS
Bar à bières ⑰ Carte p. 86

Ce bar à bières a investi l'immense espace d'un ancien cinéma des années 1920. Derrière la façade Art déco se multiplient les recoins pour se détendre entre poufs et banquettes moelleuses. La bière Dodo est spécialement brassée pour l'établissement (3,50 €).

Ceintuurbaan, 282-284 • Trams 3 et 12 • ☎ 354 11 04 • www.coffeeandcoconuts.nl • T.l.j. 8h-23h.

CALLE OCHO
Bar mexicain ⑱ Plan C5

Oscar a découvert les subtilités du rhum en Martinique ; Thomas est persuadé que ses parents sont tombés amoureux grâce à la tequila. Les deux hommes ont donc décidé de mettre à l'honneur ces deux alcools et de devenir ambassadeurs de la marque Ocho. Ils proposent une large gamme d'assemblages originaux tels que la Pornstar Margarita ou l'Escobar.

Albert Cuypstraat, 226 • Tram 16 • ☎ 261 79 63 • www.calle-ocho.nl • Dim.-jeu. 18h-3h, ven.-sam. 18h-4h • Cocktails : env. 10 €.

Plantage (Quartier 14 - p. 90)

LOUIE LOUIE
Bar à bières ⑲ Plan F4

« *On that ship I dream she there. I smell the rose in her hair* », affiche Louie Louie, qui emprunte son nom à l'un des grands classiques du rock, repris à l'envi depuis sa sortie dans les années 1950. Comme une mélodie s'explore et se bonifie sous des milliers de doigts et de cordes, ce bar a des allures de *cover* très réussie, avec ses nectars locaux des brasseries Two Chefs Brewing ou Oedipus, et ses bières étrangères comme la Mexicaine Pacifico ou la Belge Vedett (4,50 €).

Linnaeusstraat, 11 • Tram 9 • ☎ 370 29 81 • www.louielouie.nl • Dim.-jeu. 9h-1h, ven.-sam. 9h-3h.

Les meilleurs BARS À COCKTAILS

Oubliez les Sex on the Beach sans âme : de nombreux bars à travers la ville élèvent le cocktail à son plus haut niveau. Si la plupart des établissements ont ajouté des créations uniques à leur carte, tous vous serviront des breuvages issus de techniques qui vont au-delà du simple assemblage.

TALES & SPIRITS

De l'inventivité dans les verres et des antiquités liées à l'univers des cocktails sur les murs. Voir p. 140, **Le Dam**.

TERPENTIJN

Une perle du Rokin qui associe ses breuvages avec une excellente cuisine fusion franco-asiatique. Voir p. 140, **Rokin.**

MOMO

La déco élégante, mais colorée, et la qualité des mélanges ont fait la réputation du lieu. Voir p. 151, **Le quartier des musées.**

HIDING IN PLAIN SIGHT

Le bar à cocktails le plus réputé de la ville. Cocktails d'exception dans une ambiance totalement années 1920. Voir p. 155, **Le port.**

CALLE OCHO

Ce bar mexicain ravira les amateurs de tequila, qui la dégusteront dans toutes ses variations. Voir p. 152, **De Pijp.**

BAR MASH

Adresse de poche (et vaste terrasse) avec des barmen expérimentés et de bon conseil. Voir p. 152, **De Pijp.**

KONINKLIJK THEATER CARRÉ

Concerts ㊿ Plan D4

Depuis 1887, cette ancienne salle de cirque sert de cadre à des représentations de grands spectacles musicaux, lyriques ou de cirque.

Amstel, 115-125 • Trams 7 et 10 • ☎ 0900 252 52 55 • www.carre.nl • Résa : lun.-ven. 9h-21h, sam.-dim. 10h-20h • Spectacle à 20h • Cirque à 12h, 15h, 16h et 20h • Places : 15-80 €.

Vesper

Autour de Centraal Station (Quartier 15 – p. 94)

SKYLOUNGE
Bar d'hôtel ⑤① Plan I6

Quel panorama ! Installé au sommet du Double Tree (Hilton), le SkyLounge s'ouvre sur Amsterdam. Au coucher du soleil, on peut contempler la silhouette de la ville se dessiner depuis la vaste terrasse ou derrière les baies vitrées.

Oosterdoksstraat, 4 • ☎ 530 08 00 • www.skyloungeamsterdam.com • Dim.-mar. 11h-1h, mer.-jeu. 11h-2h, ven.-sam. 11h-3h • Verres de vin : 8 € • Cocktails : 16 €.

SUPPERCLUB CRUISE
Bateau-bar ⑤② Plan C1

Le bateau amarré derrière la gare centrale part en croisière les vendredis et samedis. Vous aurez le choix entre la Salle neige et le Bar noir pour dîner allongé sur un lit immaculé, tester les cocktails et danser sur de la house et de la techno.

De Ruijterkade, 14 • Bus 18, 21 et 22 • ☎ 344 64 03 • www.supperclub.com • Voir site Internet pour les horaires et le lieu de r.-v. • Sur résa • Menu : 55 €.

VESPER
Bar à cocktails ⑤③ Plan B1

Dans ce bar à cocktails de poche, l'ambiance est détendue et conviviale. Les mixtures sont à tomber, concoctées avec élégance et décontraction. Un must, le Green Smoke, à base de whisky japonais.

Vinkenstraat, 57 • Bus 18, 21 et 22 • www.vesperbar.nl • Mar.-jeu. 20h-1h, ven.-sam. 17h-3h • Cocktails : 9,50 €.

VOIR AUSSI :

In 't Aepjen | p. 95 | ⑤④ Plan H6

Le port et les îles orientales (Quartier 16 - p. 98)

STUDIO/K
Concerts, club 55 Carte p. 98

Ce spot culturel rassemble les nombreux étudiants du quartier avec une bonne programmation. À la fois cinéma, théâtre, club et restaurant, Studio/K attire aussi grâce à sa vaste terrasse qui ne désemplit pas les soirs d'été. Un week-end par mois, retrouvez le Jazz in/K, une soirée où les grands acteurs nationaux de la scène jazz sont invités, et le reste du temps des DJ sets aux styles musicaux variés.

Timorplein, 62 • ☎ 692 04 22 • www.studio-k.nu • Dim.-jeu. 11h-1h, ven.-sam. 11h-3h.

ROEST
Concerts, club 56 Plan F3

C'est à la fois un club, un restaurant et un extérieur aménagé avec une petite plage urbaine qui donnent à l'ensemble une ambiance de festival permanent. Installez-vous sur l'une des banquettes ou sur le sable en terrasse. Vous pouvez aussi profiter de l'ambiance boules à facettes du bar pour apprécier des DJ sets fantasques (Acid House edition, Michaël Jackson Tribute, Respect the 80's...). Le hall abrite également des marchés et des événements temporaires.

Jacob Bontiusplaats, 1 • ☎ 308 02 83 • www.amsterdamroest.nl • Dim.-mer. 12h-minuit, jeu. 12h-1h, ven.-sam. 12h-3h.

BROUWERIJ 'T IJ
Brasserie 57 Plan F3

Ce moulin à vent accueille la brasserie IJ. Ses productions sont servies dans les bars, reconnaissables à l'autruche qui habille leurs étiquettes. Une partie des potions houblonnées sont encore brassées sur place et il est possible de les déguster, avant 20h, dans le bar du moulin (dès 2,40 €). Une expérience originale !

Funenkade, 7 • Tram 10 • ☎ 528 62 37 • www.brouwerijhetij.nl • T.l.j. 14h-20h • Visite guidée en anglais ven.-dim. à 15h30 : 5,50 €.

HIDING IN PLAIN SIGHT (HPS)
Bar à cocktails 58 Plan I7

Les amateurs de zombies télégéniques pourront se ruer sur le cocktail The Walking Dead, présenté dans un crâne et mariant, notamment, Falernum, ananas et orange sanguine. Dans cet antre du cocktail haut de gamme, l'alcool se déguste avec sagesse et sous la forme de compositions plus surprenantes les unes que les autres (12-18 €). Pour le cadre, Vera et Guillermo, les propriétaires, ont opté pour une ambiance années 1920 avec des serveurs en costume-bretelles et des fauteuils clubs.

Rapenburg, 18 • ☎ 06 25 29 36 20 • www.hpsamsterdam.com • Dim.-jeu. 18h-1h, ven.-sam. 18h-3h.

BIMHUIS
Club de jazz ⑲ Plan E2

Le temple du jazz où se produisent les plus grands jazzmen internationaux. Jam-sessions le mardi soir (sauf juillet-août), impros de danse et de musique le 1er lundi du mois (entrée gratuite).
Piet Heinkade, 3 • Tram 26 • ☎ 788 21 88 • www.bimhuis.nl • Lun.-jeu. 18h30-1h, ven.-sam. 18h30-3h ; f. août • Concerts payants : 14-25 €.

PANAMA
Club 60 Plan F2

Dans le quartier branché des anciens docks de l'IJ, un bâtiment industriel transformé en lieu multiculturel. On y trouve un club où les soirées à thème sont dance et house, ainsi qu'un restaurant de cuisine asiatique, le Happyhappyjoyjoy Oost (www.happyhappyjoyjoy.asia/en).
Oostelijke Handelskade, 4 • Tram 26 • ☎ 311 86 86 • www.panama.nl • Ven.-sam. 23h-5h (parfois d'autres jours en sem., voir site Internet) • Entrée : selon programmation.

MUZIEKGEBOUW AAN 'T IJ
Concerts 61 Plan E2

Successeur de l'IJsbreker, ce complexe, doté d'une haute technologie acoustique, est entièrement dédié à la musique moderne et contemporaine sous toutes les formes. On y organise des festivals, des projets thématiques et de nombreux concerts tout au long de l'année.
Piet Heinkade, 1 • Tram 26 • ☎ 788 20 00 • www.muziekgebouw.nl • Résa : lun.-sam. 12h-18h.

CRUISE INN
Bar dansant 62 Hors plan par F3

Dans le quartier de Schellingwoude, les fous du bon vieux rock'n'roll des fifties se retrouvent ici tous les vendredis et samedis soir pour danser à la bonne vieille manière acrobatique.
Zuiderzeeweg, 29 • Bus 37 • ☎ 692 71 88 • www.cruise-inn.com • Ven.-sam. 21h-3h • Entrée : selon programmation (voir site Internet).

Amsterdam Noord (Quartier 17 – p. 106)

TOLHUISTUIN
Bar 63 Plan D1

Vous n'aurez aucun mal à trouver cette succursale du plus célèbre club Paradiso (voir p. 150), qui se situe à la sortie du bac qui relie Centraal Station à Amsterdam Noord. Installée sur l'ancien site de Shell, cette adresse programme des concerts et des soirées, avec la possibilité de savourer un verre installé à son bar perché.
IJpromenade, 2 • Ferry Buiksloterweg • ☎ 760 48 20 • www.tolhuistuin.nl • T.l.j. 10h-1h.

SHELTER
Club 64 Plan D1

De nombreux clubs aiment à se créer une identité underground ; le Shelter est allé jusqu'à prendre l'expression au pied de la lettre au point d'installer son dancefloor sous la A'DAM Toren (voir p. 108). Pour y entrer : une porte ancrée dans le sol, comme dans les vrais refuges souterrains. La programmation électro est sans pareil en ville.

A'DAM Toren • Overhoeksplein, 3 • Horaires selon les événements, vérifier sur le site : www.shelter amsterdam.nl

En dehors des quartiers de visite

CANVAS
Club 65 Plan D5

Autrefois, c'était le siège du quotidien *De Volkskrant*. Aujourd'hui, le bâtiment abrite un hôtel et un ascenseur qui mène au paradis des nuits de la capitale. Au sommet, une terrasse à 360° ! Électro, disco, soul, soirée vinyle ou retransmission de gros événements, les soirées ne se ressemblent jamais. Les oiseaux de nuit croisent les *early birds* car la terrasse est ouverte toute la journée.

Wibautstraat, 150 • Tram 3 • ☎ 716 38 17 • www.volkshotel.nl • Lun.-jeu. 7h-1h, ven. 7h-4h, sam. 8h-4h, dim. 8h-1h • Bières : à partir de 2,40 €.

Canvas

Boutiques

PAR QUARTIER

Les coups de cœur DE NOTRE AUTEUR 2019

Amsterdam regorge de concept stores innovants et de boutiques proposant des produits *made in Holland* en tout genre. S'il vous reste de la place dans votre valise, fiez-vous aux conseils de Marjolaine.

THE MOUSE MANSION

Un univers unique à visiter pour le plaisir d'admirer les petites maquettes *made in Holland*, et pour rapporter aux enfants les figurines des souriceaux Sam et Julia. Voir p. 171.

DE KAASKAMER VAN AMSTERDAM

Si vous réussissez à sortir de cette boutique les mains vides, c'est que vous n'aimez pas le fromage ! Une palette de goudas et de fromages néerlandais comme vous n'en avez jamais vue, qui justifie largement le slogan du pays, « l'autre pays du fromage. » Voir p. 174.

Mendo

MENDO

Accro aux beaux livres, je suis bluffée par la sélection de cette librairie et par sa déco pensée comme un écrin. Voir p. 174.

THE MAKER STORE

LA boutique qui parvient à proposer des objets originaux, fabriqués localement et à prix corrects : mention spéciale pour les oiseaux de métal à planter dans les troncs d'arbre ! Voir p. 178.

BRANDMEESTER'S

Grâce aux conseils de l'équipe (et à l'AeroPress que j'ai acheté), ma dose de caféine matinale a gagné en saveur. Voir p. 177.

À SAVOIR

HORAIRES D'OUVERTURE

Les commerces ouvrent généralement du **lundi après-midi au samedi** (parfois le dimanche). Ils ouvrent leurs portes entre 9h et 10h - plus tard le week-end - et ferment à 18h, sauf le jeudi, où nombre d'entre eux jouent les prolongations (jusqu'à 20h, voire 21h). La plupart des boutiques de mode, décoration, accessoires, etc. sont ouvertes le dimanche. Les magasins d'alimentation Albert Heijn font généralement nocturne jusqu'à 20h ou 22h. Enfin, **les jours des marchés diffèrent selon les spécialités.**

PAYER SES ACHATS

La plupart des boutiques acceptent les **cartes de paiement internationales.** Sur certaines devantures et caisses, vous trouverez la mention **« PIN only ».** Elle signifie que l'établissement n'accepte que les paiements par carte bancaire à débit immédiat et autorisation systématique (Maestro...). Inutile donc d'essayer d'y payer en liquide. Parfois, les cartes de crédit (Visa, MasterCard...) y sont également acceptées, mais ce n'est pas systématique.

La loi oblige les commerçants à afficher le prix de chaque article, et vous n'aurez pas de surprise : il y a des étiquettes partout. Seuls les brocanteurs et les antiquaires s'en dispensent. C'est donc chez eux que l'on pratiquera un peu le marchandage, en sachant toutefois que les Hollandais sont de redoutables commerçants : en clair, ne vous attendez pas à des remises supérieures à 10 ou 15 % du prix initialement annoncé.

ÉQUIVALENCE DES TAILLES

France	36	38	40	42	44	46	48	50
Pays-Bas	34	36	38	40	42	44	46	48

SE REPÉRER

Chaque adresse de boutique est associée à une pastille rouge numérotée. Vous retrouverez toutes les adresses positionnées sur le plan détachable.

Boutiques
PAR QUARTIER

Le Béguinage (Quartier 1 - p. 26)

BARONG BARONG
Bijoux ① Plan G8

Barong est une créature mythologique balinaise qui dirige les forces du bien. Entre les pierres montées en bagues, les bracelets recouverts à la main de cuirs précieux et les boucles de rocailles chatoyantes, ce sont toutes les couleurs de l'île des Dieux qui s'invitent dans cette charmante boutique. Toutes les pièces (entre 17,50 et 159 €) sont dessinées à Amsterdam, mais elles s'inspirent des techniques ancestrales indonésiennes. À l'étage, vous trouverez des bijoux destinés aux hommes ainsi qu'une série d'anciennes vestes militaires customisées par l'épouse du créateur.

Nieuwezijds Voorburgwal, 383 • ☎ 223 20 58 • www.barongbarong.com • Lun. 12h-18h, mar.-sam. 11h-18h, dim. 12h-17h.

LAUNDRY INDUSTRY
Mode femme ② Plan G7

Un mélange de classique et de fantaisie pour cette ligne de vêtements féminins qualifiée par sa styliste Monique Kruisen d'« urbaine minimaliste ». Matières naturelles, beaucoup de mousseline de soie, imprimés originaux,

Laundry Industry

basiques monochromes de saison, accessoires assortis... Du prêt-à-porter pour une clientèle de 18 à 60 ans disposant d'un certain budget. Comptez de 150 à 250 € pour une robe, de 199 à 250 € pour une veste, de 39,90 à 59 € pour un tee-shirt basique.

Sint Luciënsteeg, 18 • ☎ 362 18 32 • www.laundryindustry.com • Dim.-lun. 12h-18h15, mar.-sam. 10h-18h15.

BY AMFI
Mode femme ③ Plan G8

Une aubaine pour les étudiants de l'Amsterdam Fashion Institute qui ont la possibilité d'exposer et de vendre leurs créations dans cet espace renouvelé régulièrement. Et pour vous, mesdames, l'occasion d'acquérir des pièces uniques entièrement cousues, voire imprimées, à la main, réalisées par de futurs grands stylistes !

Spui, 23 • ☎ 525 81 33 • www.amfi.nl/byamfi • Lun.-ven. 13h-18h (jeu. 21h en été), sam. 12h-18h.

KUNSTMARKT
Marché d'art ④ Plan G8

Parmi les stands de ces artistes d'aujourd'hui qui viennent vendre régulièrement, on verra de tout : de la céramique raku, des aquarelles, des sculptures, des peintures à l'huile. Un excellent graveur, Wim Van der Meij, vend des originaux à partir de 29,50 €.

Spui • www.artplein-spui.nl • De mars à mi-déc. : dim. 10h-18h30.

FRED DE LA BRETONIÈRE
Chaussures ⑤ Plan G7

Une griffe néerlandaise qui propose des chaussures en cuir ultra-souple et confort, tout en n'oubliant pas l'allure. Ballerines, bottines, escarpins et une belle gamme de sacs. À partir de 100 €.

Sint Luciënsteeg, 20 • ☎ 623 41 52 • www.bretoniere.nl • Lun. 13h-18h, mar.-sam. 10h-18h (19h jeu.), dim. 12h-17h.

LANSKROON
Gastronomie ⑥ Plan G8

Belle pâtisserie avec quelques tables de bistrot. On y vient pour déguster ses succulentes *stroopwafels* (2,45 €), petites gaufres traditionnelles fourrées au miel. Vendues dans une jolie boîte.

Singel, 385 • ☎ 623 77 43 • www.lanskroon.nl • Lun.-ven. 8h-17h30, sam. 9h-17h30, dim. 10h-17h30 (18h en été).

SECOND BEST
Friperie ⑦ Plan G7

Les ensembles Armani, Ted Lapidus, Versace, Cacharel, Dries Van Noten, Cora Kemperman... sont au quart de leur prix neuf ! Vestes en cuir, lunettes de soleil, sacs et chaussures.

Singel, 281 • ☎ 422 02 74 • www.secondbest.nl • Mar.-sam. 11h-18h.

DE BIERKONING
Bières ⑧ Plan G7

Une balade à Amsterdam, aussi brève soit-elle, serait incomplète

sans la visite d'une brasserie ou d'un établissement à bière. Depuis le XVIe s., cette boisson coule à flots dans les cafés de la ville. Chez De Bierkoning, vous trouverez une sélection de 2 000 sortes de bières à emporter. Et pour les puristes, le verre approprié accompagne chaque variété.
Paleisstraat, 125 • ☎ 625 23 36 • www.debierkoning.nl • Lun.-sam. 11h-19h, dim. 12h-19h.

Le Dam (Quartier 2 - p. 32)

X BANK
Concept store ⑨ Plan G7

Face au nouvel hôtel W qui lui est associé, cet espace de 700 m² ambitionne de capter l'ADN du meilleur de la création locale en mêlant mode, design, œuvres d'art et objets culturels. Avec ses deux niveaux qui mélangent objets à quelques euros et éditions très limitées moins abordables, la boutique est probablement la plus riche concentration de tendances néerlandaises au monde. Elle est installée dans l'ancien siège de la Kas Bank et accolée au Duchess, un restaurant dans l'air du temps.
Spuistraat, 172 • ☎ 811 33 20 • www.xbank.amsterdam • Lun.-mer. 10h-20h, jeu.-sam. 10h-21h, dim. 12h-20h.

BY POPULAR DEMAND (BPD)
Concept store ⑩ Plan G7

Verres pliables pour le pique-nique, housses colorées pour selle de vélo, néons décoratifs, chaussettes brodées d'insultes ou encore appareil pour transformer vos photos de Smartphone en clichés type « Polaroid ». Tout ce dont vous ne pensiez pas avoir besoin une seconde avant d'entrer dans ce concept store se transforme en objet de désir. Si vous tenez absolument à « acheter utile », jetez un œil aux parapluies de compétition dessinés par la marque hollandaise Senz® (dès 34,95 €). Avec leur forme savamment étudiée, ils aideront votre brushing à traverser les pires averses.
Raadhuisstraat, 2 • ☎ 624 52 31 • Lun.-sam. 10h-19h (21h jeu.), dim. 11h-19h.

By Popular Demand

Property of...

DUTCHQUILTS (DEN HAAN & WAGENMAKERS)
Tissus ⑪ Plan G6

Un lieu incontournable pour les amateurs de patchwork. Depuis vingt-cinq ans, Den Haan & Wagenmakers édite sa propre collection de tissus pour patchwork, que vous ne trouverez nulle part ailleurs. En plus d'un bon nombre de livres et de magazines sur le sujet, il vend des kits prêts à l'emploi (28-130 €) pour créer son patchwork.

Nieuwezijds Voorburgwal, 95 • ☎ 620 25 25 • www.dutchquilts.com • Mar.-sam. 10h-17h.

PROPERTY OF...
Sacs ⑫ Plan G6

Une belle boutique de sacs pour hommes et d'accessoires. Besaces chic ou plus sport (100-400 €), sacs à dos, sacs de week-end (300 €) et portefeuilles (à partir de 50 €) dans un esprit de matières un peu vieillies mais aux lignes design très actuelles.

Herenstraat, 2 • ☎ 622 59 09 • www.thepropertyof.com • Lun.-sam. 11h-18h30, dim. 12h-18h.

Rokin et Gouden Bocht (Quartier 3 – p. 38)

SHIRT SHOP
Chemises ⑬ Plan G8

Inutile d'entrer dans ce petit magasin pour trouver une chemise classique. Satin, velours, tissu gaufré, moiré, à pois, à carreaux... bref, des chemises pour sortir, draguer, se montrer. Les marques sont anglaises, hollandaises, françaises, allemandes ou italiennes, toujours très exclusives et trendy. Craquez pour les chemises *clubwear* (45-85 €) ou pour un tee-shirt (20-45 €) !

Reguliersdwarsstraat, 64 • ☎ 423 20 88 • www.shirtshopamsterdam.com • T.l.j. 13h-19h.

VAN ZOOMEREN
Plantes ⑭ Plan G8

Mille variétés de cactées et de plantes carnivores ! On trouve un très grand assortiment de plantes et de graines (2 000 sortes !)

dans cette sympathique boutique flottante où l'on s'efforcera de vous donner des explications en français.
Singel (en face du 526) • ☎ 624 39 31 • T.l.j. 9h-18h • Cactus : 5 pour 5 €.

FIRMA STAATS
Tulipes ⑮ Plan G8

C'est LA maison de la tulipe : un choix considérable, dont la fameuse tulipe noire Queen of Night. Également 500 variétés de bulbes parmi lesquels narcisse, jonquille, dahlia, jacinthe, freesia, lys, bégonia, amaryllis, etc. Pour les non-initiés, explication en français sur place. Le lot de 10 bulbes de tulipe est à partir de 3,50 €.
Singel (en face du 500) • ☎ 625 45 71 • T.l.j. 8h (9h dim.) -17h30.

HOGENDOORN & KAUFMAN
Faïence de Delft ⑯ Plan G8

C'est la meilleure adresse à Amsterdam pour acheter de la faïence de Delft (voir p. 184). Les pièces sélectionnées dans les deux manufactures royales ont des décors réalisés à la main par les plus grands artisans. On trouve ici de jolis carreaux de Delft (13 x 13 cm) et d'élégantes tulipières, mais il faut quand même y mettre le prix : 50 € pour un carreau à motif et à partir de 75 € pour un vase à tulipes. La maison assure les expéditions à l'étranger.
Rokin, 124 • ☎ 638 27 36 • www.hogendoorn-kaufman.com • Lun.-sam. 10h-18h, dim. 12h-18h.

HANS APPENZELLER
Bijoux ⑰ Plan G8

Cela fait presque 50 ans qu'Hans Appenzeller crée des bijoux modernes et épurés s'inspirant de la nature et du monde industriel. Ses bagues ressemblent à une tige qui s'enroule indéfiniment ou qui évoque les contours mouvementés d'une orchidée renfermant une perle en son cœur. Les colliers articulés semblent, quant à eux, constitués de pièces métalliques assemblées entre elles. Les bijoux se vendent à partir de 50 € jusqu'à plusieurs milliers d'euros.
Grimburgwal, 1 • ☎ 626 82 18 • www.appenzeller.nl • Mar.-sam. 11h-17h30.

Du Nieuwmarkt au Prinsenhof (Quartier 4 – p. 44)

JOE'S VLIEGERWINKEL
Cerfs-volants ⑱ Plan H7

Cette boutique regorge de cerfs-volants de différentes tailles et formes (15-289 €). En nylon et multicolores, ils sont réparés par la maison ou importés de Chine et des États-Unis... les critères de sélection étant la beauté et l'originalité !
Nieuwe Hoogstraat, 19 • ☎ 625 01 39 • www.joesvliegerwinkel.nl • Mar.-ven. 12h-18h, sam. 12h-17h.

WONDERWOOD
Design en bois ⑲ Plan H7

Dans cet espace mi-boutique, mi-galerie d'art, on voue un culte au bois, et plus précisément au contre-plaqué. Vous y trouverez des sculptures d'artistes reconnus, mais surtout des chaises rétro. Voyage dans le temps garanti grâce à la collection de plus de cent modèles issus des années 1940, 1950 et 1960. Les pièces vintage côtoient les rééditions et les créations originales. Large gamme de prix : aux côtés d'une réédition d'une chaise signée Hans Wegner (*Wegner Venus Chair* : 1 950 €), on trouve des crayons à 1 €.

Rusland, 3 • ☎ 625 37 38 • www.wonderwood.nl • Mer.-sam. 12h-18h et sur r.-v.

2 PR
Mode homme ⑳ Plan H7

Les hommes qui aiment l'élégance plébisciteront ce bel espace blanc où les vêtements sobres sont mis en valeur. Ils sont créés par des marques comme Boris Bidjan Saberi, Andrea Ya'agov, Damir Doma ou encore Rick Owens. Bref, c'est le total look classe teinté de funky qui s'offre à vous ! De plus, Miro, toujours de bon conseil, parle le français. À partir de 100 € pour un tee-shirt et de 159 € pour un pantalon. Sachez que tout ce qui est vendu dans cette boutique a été fabriqué en Italie.

Oude Hoogstraat, 10-12 • ☎ 421 63 29 • www.2PR.amsterdam • Dim.-lun. 12h-18h, mar.-sam. 10h-18h (21h jeu.-ven.).

De Wallen, le Quartier rouge (Quartier 5 – p. 48)

DEMASK
Cuir et latex ㉑ Plan H6

Quelle surprise que cette boutique très spécialisée ! Pour les plus timides, Demask propose de la lingerie en cuir laqué, avec des chaînes et des clous pour les extraverties. Il y a aussi des minijupes, des gants longs en latex (19-49 €) et des corsets extracorsés (200-450 €). Et au sous-sol... assez d'artefacts pour réveiller le démon qui sommeille en vous.

Zeedijk, 64 • ☎ 423 30 90 • www.demask.com • Lun.-sam. 12h-20h.

HOFJE VAN WIJS
Café ㉒ Plan H6

Plus de 200 ans qu'ils importent du café (5,90 € les 250 g de café costaricain) et du thé (4,30 € les 100 g d'Earlgrey). Des générations qu'un testeur s'assure de la qualité des mélanges. Et dans l'espace rénové, on prône la diversité en proposant également de la bière et une partie restaurant versant dans la cuisine traditionnelle. Charmante petite cour pavée pour s'installer aux beaux jours.

Zeedijk, 43 • ☎ 624 04 36 • www.wijsenzonen.nl • T.l.j. 12h-23h.

Le meilleur DU DESIGN

Gerrit Rietveld, un des piliers du mouvement *De Stijl*, s'est rendu célèbre avec sa chaise *Zig-zag*, facile à produire en série. La créativité des designers hollandais est toujours féconde, que ce soit en mobilier ou en luminaire. Si les prix sont parfois élevés, certaines boutiques se visitent comme des musées des arts décoratifs tant les pièces emblématiques sont légion.

Moooi

MOOOI

Le showroom de la marque hollandaise, complété par les pièces de créateurs associés. Voir p. 63, **Jordaan**.

THE FROZEN FOUNTAIN

Les grands noms du design hollandais s'y dévoilent le temps d'expositions éphémères. Voir p. 174, **Negen Straatjes**.

MOBILIA

La chaise *Orange Slice* de Pierre Paulin ou la 201 de Gipsen ; les indémodables classiques sont réunis ici. Voir p. 171, **Rembrandtplein.**

STORE WITHOUT A HOME

Une sélection d'objets à prix doux, pour un design du quotidien 100 % abordable. Voir p. 181, **Centraal Station.**

DROOG DESIGN

L'espace d'un collectif de pionniers qui ne cesse de développer des concepts à l'image de cet « hôtel », vaste lieu de vie et de design. Voir p. 168, **Jodenbuurt.**

ANNO

Un concentré des lignes épurées qui ont fait la renommée de la création locale. Voir p. 169, **Jordaan.**

Condomerie

CONDOMERIE
Préservatifs ㉓ Plan H7

Plein d'articles fun dans cette échoppe spécialisée dans le préservatif, mais pas seulement. Si le concept a essaimé dans diverses capitales, c'est ici que tout a commencé, en 1987. À quelques pas des vitrines du Quartier rouge, l'enseigne veut continuer à jouer un rôle de prévention et d'information. Des préservatifs sans latex ou sur mesure en côtoient d'autres, phosphorescents, en forme d'animaux ou aux goûts et couleurs divers (mix deluxe : 30 pièces pour 25 €).

Warmoesstraat, 141 • ☎ 627 41 74 • www.condomerie.com • Lun.-sam. 11h-21h (18h mar.), dim. 13h-18h.

Jodenbuurt (Quartier 6 - p. 54)

KASHBA
Bijoux ㉔ Plan H8

Dans cette jolie boutique ont été réunies les trouvailles d'un voyageur infatigable qui passe son temps à parcourir les steppes de l'Asie centrale (Népal, Chine et Tibet) et le sous-continent indien. On y trouve un très large choix de bagues, colliers et autres bracelets où se mêlent l'argent, les turquoises, le corail et le lapis-lazuli, mais aussi des tissus ikats et des objets du Rajasthan et du sud de l'Inde. La qualité est au rendez-vous, les prix sont à l'avenant. À partir de 12 € pour des boucles d'oreilles en argent, comptez 250 € pour un collier en turquoise.

Staalstraat, 6 • ☎ 623 55 64 • www.kashba.nl • Lun.-sam. 11h-17h30, dim. 14h-17h.

DROOG DESIGN
Design ㉕ Plan H8

Fondé en 1993, ce collectif de designers néerlandais a une vision révolutionnaire du design. Il doit être simple, conceptuel, sec *(droog)*, c'est-à-dire qu'il doit donner une nouvelle vie aux objets et aux matériaux du quotidien, soit en les recyclant, soit en les repensant avec humour ou sens pratique.

Voir, par exemple, la *Slow Glow Lamp* dessinée pour un restaurant slow food, dont l'intensité lumineuse augmente avec la chaleur de l'ampoule plongée dans la graisse (425 €). Dans le magasin-galerie, on peut acheter des objets beaux et ludiques, et découvrir les dernières créations du design industriel contemporain hollandais. Vous trouverez également des accessoires pour la maison vendus à partir de 4 €.

Staalstraat, 7B • ☎ 523 50 50 • www.droog.com • T.l.j. 9h-19h.

EPISODE
Friperie ㉖ Plan H8

Pour mettre un grain de folie rétro chic dans sa garde-robe, cap sur cette grande boutique aux allures de joyeux capharnaüm, qui ne vend que des articles de seconde main. On y trouve des baskets et des chapeaux à partir de 10 €, des jupes à 15 €, des robes à partir de 20 €.

Waterlooplein, 1 • ☎ 320 30 00 • www.episode.eu • Lun.-sam. 10h-18h, dim. 13h-18h.

Le Jordaan (Quartier 7 – p. 60)

ANNO
Design ㉗ Plan B2

Belle collection de design moderne dans cette boutique. Outre les meubles édités par la maison hollandaise Artifort, en particulier les célèbres chaises *Orange Slice* et *Tulipe* signées Pierre Paulin, on y trouve les marques Moormann, Magis et Kartell, toutes caractérisées par leur simplicité et leur élégance basique.

Westerstraat, 35 et 49 • ☎ 421 26 23 • www.annodesign.nl • Lun. 10h-18h, mer.-ven. 11h-18h, sam. 10h-17h.

MECHANISCH SPEELGOED
Jouets anciens ㉘ Plan B2

Cette petite boutique réédite les jeux anciens au charme désuet que nous avions coutume de voir chez nos grands-parents. Sur deux étages s'amoncellent des jeux d'adresse, de patience, des masques et surtout des jouets mécaniques en tôle peinte (petites voitures à partir de 3,25 €). Parce que c'est si bon de retomber en enfance le temps d'une balade...

Westerstraat, 67 • Trams 3 et 10 • ☎ 638 16 80 • Lun.-ven. 10h-18h, sam. 10h-17h.

UNIVERSE ON A T-SHIRT
Mode homme ㉙ Plan B2

Une adresse très sympa où s'offrir un tee-shirt original. Coton bio ou bambou, formes confortables et agréables, couleurs vives et jolis motifs : on choisit parmi la gamme existante ou l'on fait personnaliser le modèle de son choix (il faut alors se rendre à l'atelier). Le tout, homme, femme et enfant, à partir de 25-35 €.

• Boutique : Nieuwe Leliestraat, 6 • Trams 13, 14 et 17 • ☎ 737 00 81 • www.universeonatshirt.com • T.l.j. 11h-18h • Atelier : Eerste Bloemdwarsstraat, 14 • ☎ 422 87 21 • Tram 10 • Lun.-jeu. 12h-18h, ven. 12h-18h (vente uniquement).

LENA THE FASHION LIBRARY
Mode femme (30) Plan B2

La devanture arbore la mystérieuse mention de « bibliothèque de mode ». Dans cette boutique, il est possible d'emprunter des pièces pour quelques jours, comme on le ferait avec des livres. Un concept amusant pour offrir plusieurs vies à ces indispensables de la garde-robe qui se combine avec la possibilité d'achat on ne peut plus classique. Les prix sont très doux et les multiples griffes présentes sont sélectionnées avec goût.

Westerstraat, 174 • Trams 3 et 10 • ☎ 789 17 81 • www.lena-library.com • Lun. 10h-19h, mer.-ven. 11h-19h (20h jeu.), sam. 11h-17h.

TENUE DE NÎMES
Mode homme (31) Plan B3

Ne vous fiez pas au nom à consonance française, c'est un Néerlandais qui est à l'origine de ces boutiques. Menno Van Meurs est un dénicheur de tendances, un chineur de pièces rares. Dans son antre à trésors hautement contemporains, des jeans à la pelle, des pièces griffées, Red Wing, Orslow, A.P.C., Acne Studios, et divers objets insolites.

Lena The Fashion Library

Elandsgracht, 60 • Trams 7 et 10 • ☎ 320 40 12 • www.tenuedenimes.com • Lun. 12h-19h, mar.-ven. 11h-19h, sam. 10h-18h, dim. 12h-18h • Autre adresse : Haarlemmerstraat, 92-94 (C1) • Bus 18, 21 et 22 • ☎ 331 27 78.

DE KUNSTBOER
Mode enfant ㉜ Plan B3

Amis du kitsch, bienvenus dans l'antre de Jim et Mars ! Ici, tout n'est que couleurs étincelantes, luxuriance de motifs et petits chats mignons. Les partenaires déploient les créations de Jim sur des coussins, sacs, porte-monnaie (dès 8,95 €)... Si les tailles de vêtements courent du 1 mois au 14 ans, les adultes trouveront une foule d'accessoires à leur mesure.
Prinsengracht, 270 • Trams 10, 13, 14 et 17 • ☎ 420 20 59 • www.dekunstboer.nl • Lun.-sam. 10h-18h, dim. 11h-18h.

THE MOUSE MANSION
Jouets ㉝ Plan B2

Cette boutique n'existe que depuis 2017 et pourtant, on a l'impression qu'elle a traversé les époques. À l'intérieur, des murs recouverts d'appartements miniatures et de saynètes où les

The Mouse Mansion

petits héros de la saga familiale, Sam et Julia, prennent la pause. Les deux souriceaux, imaginés par Karina Schaapman et ses quatre enfants, sont en vente au fond de la boutique, ainsi que du petit mobilier de poupée et des livres contant leurs histoires, y compris en français. Un très joli cadeau à rapporter !
Eerste Tuindwarsstraat 1HS • ☎ 06 254 86080 • www.themousemansion.com • Mer.-dim. 11h-18h

Rembrandtplein (Quartier 9 – p. 68)

MOBILIA
Design ㉞ Plan C4

Incontestablement, c'est LE magasin du design hollandais. Parmi les indémodables depuis 1920, il y a la fameuse chaise ergonomique *201 Gispen*, dessinée par W. H. Gispen, le lit clap conçu par Martin Visser, la

Nos boutiques MADE IN HOLLAND

Amsterdam n'échappe pas à la tendance : la production du cru est valorisée. Les agriculteurs, producteurs et éleveurs des environs sont mis en avant dans les boutiques de bouche, pour des pique-niques en circuit court. Les créateurs amstellodamois sont encouragés à s'implanter dans la capitale et sont valorisés dans des espaces dédiés qui font de plus en plus la part belle aux initiatives solidaires et sociales.

BY AMFI

Des vêtements uniques dessinés par les étudiants de l'école de stylisme d'Amsterdam. Voir p. 162, **Le Béguinage.**

X Bank

X BANK

Le meilleur endroit pour approcher les différentes facettes tous secteurs confondus de la création *made in Holland*. Voir p. 163, **Le Dam.**

DUTCHQUILTS

La boutique idéale pour dénicher des tissus à l'imprimé fleuri si caractéristique. Voir p. 164, **Le Dam.**

THE MAKER STORE

Des cadeaux originaux fabriqués localement et, pour la plupart, personnalisables grâce au *lab*, qui abrite une découpeuse laser et une brodeuse. Voir p. 178, **Le quartier des musées.**

FIRMA STAATS

Arrêt obligatoire dans ce temple de la tulipe, qui propose à la vente plus de 500 variétés différentes de bulbes. Voir p. 165, **Rokin.**

chaise *Orange Slice* de Pierre Paulin et le fauteuil garni de Rob Eckhardt. Vous trouverez également des lampes de la collection Moooi (voir p. 63) dessinée par M. Wanders. Les prix débutent à 6 €.
Utrechtsestraat, 62-64 • Tram 4 • ☎ 622 90 75 • www.mobilia.nl • Lun.-sam. 9h30-18h.

KAASHUIS TROMP
Fromages ㉟ Plan C4

La vitrine est si appétissante que l'on a envie de tout acheter. Il reste l'embarras du choix parmi des fromages fermiers au lait cru, des goudas jeunes ou jusqu'à 4 ans d'âge, des fromages à la truffe (4,50 € les 100 g) ou aux herbes, etc. Le must : les fougasses aux multiples ingrédients. Le week-end, le pain est réalisé sur place. Cerise sur le fromage, la boutique propose un service de livraison partout dans le monde !
Utrechtsestraat, 90 • Tram 4 • ☎ 624 13 99 • www.kaashuistromp.nl • Lun. 10h-19h, mar.-ven. 9h-19h, sam. 8h-18h, dim. 9h-18h.

PÂTISSERIE KUYT
Pâtisserie ㊱ Plan C4

De délicieux arômes de cannelle, de gingembre et de caramel vous accueillent d'emblée chez Klaas Kuyt. Ses spécialités sont l'*appelschnitte* (2 €) et les tartes (figues, pruneaux, framboises...), des merveilles qui attirent le Tout-Amsterdam. Dès le mois de septembre, le chocolat et les *speculaas* reviennent en force.
Utrechtsestraat, 109 et 111 • Tram 4 • ☎ 623 48 33 • Lun.-ven. 8h-17h30, sam. 8h-17h.

Kaashuis Tromp

Negen Straatjes (Quartier 10 - p. 72)

THE FROZEN FOUNTAIN
Design ㊲ Plan B3

Une exposition met en scène les dernières créations de designers hollandais confirmés, parallèlement à quelques grandes marques internationales.
Prinsengracht, 645 • Trams 1, 2 et 5 • ☎ 622 93 75 • www.frozenfountain.nl • Lun. 13h-18h, mar.-sam. 10h-18h, dim. 12h-17h.

MENDO
Librairie ㊳ Plan B3

La librairie la plus tendance de la ville. Depuis 2002, Roy Rietstap, Joeri Worm et Joost Albronda réunissent leurs coups de cœur dans ce temple du beau livre. L'espace combine les cubes noirs pour un résultat minimaliste et plein de style. Les références se concentrent sur six domaines : la mode, la photographie, le design d'intérieur, l'évasion, la cuisine et les arts graphiques. De petits bijoux de papier en tirage limité côtoient ainsi les livres d'art de grands éditeurs comme Phaidon et Taschen.
Berenstraat, 11 • ☎ 612 12 16 • www.mendo.nl • Lun.-sam. 10h30-18h, dim. 12h-17h.

Marlies Dekkers

MARLIES DEKKERS
Lingerie ㊴ Plan B3

Depuis que sa lingerie est apparue sur le petit écran dans la série *Sex and the city*, c'est une véritable *success story* pour cette créatrice néerlandaise. Ambiance boudoir avec salon, canapé, lustres et feu de cheminée. Lingerie sexy juste comme il faut et grand choix de maillots de bain très féminins. Il faut compter environ 120 € pour un ensemble.
Berenstraat, 18 • Trams 13, 14 et 17 • ☎ 421 19 00 • www.marliesdekkers.com • Lun. 13h-18h, mar.-sam. 11h-18h, dim. 12h-17h.

DE KAASKAMER VAN AMSTERDAM
Fromages ㊵ Plan B3

Ici, vous ne trouverez pas de fromages artificiellement aromatisés, mais une impressionnante gamme

Le top des boutiques GOURMANDES

Un large choix de fromages et de bières, ainsi que des gaufres et des biscuits à la cannelle... Les Pays-Bas ont une jolie palette de spécialités locales qui méritent d'être dégustées, mais aussi rapportées pour prolonger votre séjour !

DE BIERKONING

La brasserie propose pas moins de 2 000 bières différentes dont ses propres bières, brassées sur place. Voir p. 162, **Le Béguinage.**

LANSKROON

Que serait un séjour à Amsterdam sans une véritable *stroopwafel* ? Dégustez sur place ou emportez avec vous quelques gaufres fourrées au miel, vous ferez des heureux ! Voir p. 162, **Le Béguinage.**

DE KAASKAMER VAN AMSTERDAM

La bonne adresse pour rapporter d'authentiques saveurs fromagères hollandaises. Voir p. 174, **Negen Straatjes.**

VAN AVEZAATH-BEUNE

Pour découvrir le vrai goût des *speculaas* néerlandais, ces petits biscuits plus connus chez nous sous le nom de spéculoos. Un véritable respect de la tradition dans cette boutique vieille d'un siècle ! Voir p. 178, **Le quartier des musées.**

OUD AMSTERDAM

Une dizaine de sortes de genièvres sont distillés sur place et vendus dans cette échoppe à l'ancienne. Voir p. 180, **Centraal Station.**

de saveurs. En provenance directement de fermes et de petits producteurs, les fromages sont ultra-frais et parfois bio. Vous pourrez demander un emballage sous vide.

Runstraat, 7 • ☎ 623 34 83 • www.kaaskamer.nl • Lun. 12h-18h, mar.-ven. 9h-18h, sam. 9h-17h, dim. 12h-17h.

DE WELDAAD
Antiquités — **㊶ Plan B3**

Mirjam Verheijke furète dans les maisons Siècle d'or d'Amsterdam en cours de démolition pour récupérer des carreaux de Delft, des éviers en pierre bleue, des cheminées en marbre, des volets en bois, des grilles en fer forgé... Elle collectionne aussi les bouteilles de genièvre en grès, les faïences et les verres, ainsi que les *curios* : oiseaux et chauves-souris empaillés. Une passion qu'elle partagera à des prix nettement inférieurs à ceux d'un antiquaire !

Reestraat, 1 • Trams 7 et 10 • ☎ 627 00 77 • www.weldaad.com • Mar.-sam. 11h-18h, dim. 13h-18h.

Leidseplein (Quartier 11 - p. 76)

YOUNG DESIGNERS UNITED (YDU)
Mode femme ㊷ Plan B3

C'est à l'initiative d'Angelika Groenendijk-Wasylewski que s'est formé ce collectif de jeunes stylistes, autodidactes ou issus des académies de mode. Pièces uniques et collections à édition limitée sont exposées par créateurs (By Brown, Studio Catta, Marlou Verheijden, Eva D.). Du hippie chic, du glamour, de la couleur, de belles étoffes, de l'originalité (robes de 100 à 200 €, jupes de 80 à 150 €).

Keizersgracht, 447 • Trams 1, 2 et 5 • ☎ 626 91 91 • www.ydu.nl • Lun. 13h-18h, mar.-sam. 10h-18h (20h jeu.).

TRIBAL DESIGN
Objets d'Afrique, d'Océanie, d'Indonésie, etc. ㊸ Plan B4

On pourrait passer des heures à contempler la parfaite courbure d'un arc, la simplicité de sièges africains, la pureté

Tribal Design

des objets en os de Nouvelle-Guinée, les masques océaniens, les totems, les boucliers...
Spiegelgracht, 8 • ☎ 421 66 95 • www.tribaldesign.nl • Lun.-ven. 11h-17h30, sam. 11h-17h.

TINKERBELL
Jouets (44) Plan B4

Des boîtes à musique étonnantes, des kaléidoscopes pour en voir de toutes les couleurs, des jouets mécaniques, des carrousels, mais aussi des jouets éducatifs pour en savoir plus sur notre planète... Bref, de merveilleux jouets pour petits et grands à partir de 1,50 €.
Spiegelgracht, 10 • Trams 7 et 10 • ☎ 625 88 30 • www.tinkerbelltoys.nl • Lun. 13h-18h, mar.-sam. 10h-18h, dim. 12h-17h.

HARTMAN & MORE
Tabac (45) Plan B4

Un vrai magasin de tabac à l'ancienne, avec son sol carrelé et ses meubles sombres où sont alignés quantité de pipes (pipes Big Ben de 70 à 125 €), boîtes à cigares, paquets de cigarettes et tabac à rouler. Les murs sont comme imprégnés du parfum du tabac. Rien ne semble avoir beaucoup changé ici depuis des décennies, et même si vous n'êtes pas un accro de la cigarette, poussez la porte pour découvrir l'une des boutiques les plus typiques d'Amsterdam.
Leidsestraat, 58 • Trams 1, 2 et 5 • ☎ 624 51 50 • www.dutchtobacconist.nl • Lun.-mer. 9h30-19h, jeu.-sam. 9h30-21h, dim. 10h-20h.

Le quartier des musées et Vondelpark (Quartier 12 – p. 80)

ARNOLD CORNELIS
Pâtisserie, confiserie (46) Plan B5

Dans cette pâtisserie-confiserie, vous trouverez, outre de délicieuses tartes au yaourt et aux fruits (*yogataart* à 2,50 €), des biscuits au beurre, des *speculaas* exquis avec le café, du massepain et des chocolats, tous faits maison.
Van Baerlestraat, 93 • Trams 3, 5, 12 et 24 • ☎ 662 12 28 • Lun.-ven. 8h-18h, sam. 8h-17h. • Autre adresse : Elandsgracht, 78 (B3) • Trams 7 et 10 • ☎ 625 85 85 • www.cornelis.nl • Lun.-ven. 8h-18h, sam. 8h-17h.

BRANDMEESTER'S
Café (47) Plan B4-5

Ici, on ne badine pas avec le café. Chez Brandmeester's, vous trouverez des machines à expresso de haut niveau, des moulins à grains, mais aussi des dispositifs plus insolites comme des AeroPress (utilisant la pression par l'air) et des cafetières Chemex (à filtre). Leur point commun : remplir les tasses avec saveur. La maison torréfie quotidiennement les graines attentivement sélectionnées dans la production du Brésil,

de Colombie, du Guatemala ou encore de Papouasie. Des tables permettent de profiter sur place de la qualité des produits.
Van Baerlestraat, 13 • Trams 2, 3, 5 et 12 • ☎ 572 08 11 • www.brandmeesters.nl • Lun.-ven. 8h30-18h, sam. 9h-17h30, dim. 12h-17h.

VAN AVEZAATH-BEUNE
Speculaas ⑱ Plan A5

Il y a plus d'un siècle de respect des traditions et de savoir-faire artisanal derrière les anciennes maisons Van Avezaath et Beune. Les Amstellodamois viennent ici depuis des générations pour acheter les délicieux *speculaas*, des biscuits épicés plus connus en français sous le nom de spéculoos.
Johannes Verhulstraat, 98 • Trams 2 et 16 • ☎ 662 08 91 • www.vanavezaathbeune.nl • Lun.-ven. 8h-18h, sam. 8h30-17h.

THE MAKER STORE
Concept store ⑲ Plan A3

Voici l'endroit idéal pour dénicher de jolis cadeaux *made in Netherlands* tendance et bon marché ! Outre un bel assortiment de bières (testez la Lowlander, brassée avec des herbes et des épices), vous trouverez des reproductions numérotées d'artistes qui croquent la ville d'Amsterdam (25 €) et des objets originaux comme ces oiseaux de métal décoratifs à piquer dans un tronc d'arbre (30-40 €). Un *lab* permet de concevoir ses objets décoratifs au moyen d'une découpeuse laser et d'une machine à tatouer les objets, et grâce à une brodeuse ultra-précise vous pourrez personnaliser vos vêtements en les ornant de dessins, même très détaillés.
Hannie Dankbaarpassage, 39 • ☎ 20 261 7667 • www.themakerstore.nl • Lun. 12h-17h, mar.-ven. 12h-19h, sam. 11h-18h.

De Pijp (Quartier 13 - p. 86)

APPEL 67
Mode homme et femme
50 Plan C5

La maîtresse des lieux aime le style casual, c'est-à-dire un mix de sportswear et de chic, en version internationale. Vous trouverez donc dans sa boutique des marques scandinaves comme Gentlemen's Affair, Nudie ou Mads Nørgaard, allemandes comme Drykorn, mais aussi hollandaises comme Summum. Pour un pantalon, comptez environ 100-150 € et pour une tunique ou un haut entre 49,95 et 199 €.

2e Jacob Van Campenstraat, 1 • Trams 4 et 25 • ☎ 676 14 54 • www.appel67.com • Lun.-sam. 11h-18h, dim. 13h-17h (f. dim. nov.-mars).

CHARLIE + MARY
Concept store
51 Plan C5

Mary et Charlie sont amoureux de la mode. Mais pas de n'importe quelle mode ! Ils veulent qu'elle soit éthique et durable. Acheter une pièce chez eux, c'est aussi s'interroger sur la matière et son origine... tout en affichant un look résolument tendance. Pour ne citer que quelques marques : Wanderwerk (jeans à 99,95 €), O my Bag (portefeuille à 30 €), etc.

Gerard Doustraat, 84 • ☎ 662 82 81 • www.charliemary.com • Lun. 12h-18h, mar.-sam. 10h30-18h, dim. 12h-18h.

BLOND AMSTERDAM
Déco
52 Plan C5

Au départ, Femque et Janneke peignaient quelques pièces de poterie à la main, mais leur univers coloré et festif a vite dépassé les limites de la production sur commande. Les deux amies amstellodamoises ont donc ouvert un showroom et proposent désormais une gamme de vaisselle revisitant avec humour la classique porcelaine de Delft (dès 3,95 €), des tasses « blablabla » pour prendre le thé entre pipelettes (dès 7,95 €), ainsi qu'une large gamme de papeterie

Blond Amsterdam

et de linge de maison, dans le même esprit souriant.

Gerard Doustraat, 69 • Tram 16 • ☎ 428 49 29 • www.blond-amsterdam.nl • Lun. 12h-18h, mar.-ven. 10h-18h, sam. 10h-17h.

MAATS
Cyclisme ⑤③ Hors plan par E5

Les amateurs de cyclisme adoreront cette boutique ! Ils y trouveront des textiles haut de gamme (80-150 € le polo), des lunettes, des sonnettes, compteurs, des pédales ou des sacoches de qualité, ainsi que la possibilité de s'attabler avec un café pour la personne qui accompagne l'acheteur... c'est appréciable !

Van Woustraat, 165 • ☎062 494 3721 • www.maats.cc • Mer. 9h-17, jeu.-dim. 10h-19h.

Autour de Centraal Station (Quartier 15 – p. 94)

OUD AMSTERDAM
Spiritueux ⑤④ Plan H6

Dans cette rue commerçante fréquentée, Oud Amsterdam, « le vieil Amsterdam », est une boutique à l'ancienne aux poutres décorées de petites bouteilles d'alcool. Derrière le comptoir patiné par les ans, on découvre une cinquantaine de liqueurs hollandaises et surtout les 17 sortes de genièvres (8,95-200 €) distillés sur place et âgés de 1 à 21 ans.

Nieuwendijk, 75 • ☎ 624 45 81 • www.oudamsterdam.nl • Lun.-sam. 10h-18h, dim. 12h-18h.

&KLEVERING
Déco ⑤⑤ Plan C2

Dans cette boutique riche en idées cadeaux et objets insolites, vous trouverez une belle sélection de vaisselle et d'articles de déco écolos ou rigolos, notamment des tasses à café Marimekko (16,95 € la tasse). Il y a également de jolis vases pour tulipes en céramique de leur propre marque (29,95-37,95 €) ainsi que des lampes à huile à l'ancienne ou des bougeoirs de la marque Hay (21-29 €).

Haarlemmerstraat, 8 • Bus 18, 21 et 22 • ☎ 422 27 08 • www.klevering.nl • Lun. 12h-19h, mar.-ven. 10h-19h, sam. 10h-18h, dim. 12h-18h.

KAASLAND
Fromages ⑤⑥ Plan C2

Cette vaste boutique propose des fromages nationaux, mais aussi des alpages étrangers. Petit plus : Kaasland a tout pour devenir la star des pique-niques puisque ce « pays du fromage » propose également des pains artisanaux fraîchement sortis du four. Si vous voulez arroser le tout, la Haarlemmerstraat abrite quelques bons cavistes.

Haarlemmerstraat, 2 • Bus 18, 21 et 22 • ☎ 422 17 15 • Lun.-ven. 8h-20h, sam. 8h-19h, dim. 10h-19h.

Store without a Home

HEMPSHOPPER
Objets en chanvre ⑰ Plan G6

Au pays des *coffee shops*, le Hempshopper se concentre sur les articles fabriqués à base de chanvre. Chaussettes (7,95 €), glace (2,80 €), huiles... Si de nombreux produits sont estampillés « cannabis » (partie du nom scientifique de la plante), aucun risque en les consommant car ils sont sans THC (le composant présent dans la drogue douce). N'hésitez pas à discuter avec l'équipe pour obtenir des explications sur les pièces de collection en vitrine.

Singel, 10 • ☎ 773 70 14 • www.hempshopper.com • Dim.-ven. 10h-20h, sam. 10h-22h.

STORE WITHOUT A HOME
Déco ⑱ Plan B1

Pourquoi payer une fortune pour agrémenter son intérieur d'objets design ? C'est la question que se sont posée les créateurs de cette boutique. Le magasin était installé dans une grange à l'extérieur de la ville avant de multiplier les *pop-up stores*. Aujourd'hui établis, les propriétaires débusquent les petits créateurs encore méconnus et les pièces originales à bas prix, comme un vase en verre transparent à accrocher au mur (22,50 €) ou une lampe en bois et métal (79 €).

Haarlemmerdijk, 26 • Bus 18, 21 et 22 • www.storewithoutahome.nl • Lun.-mar. 13h-18h, mer.-sam. 10h-18h, dim. 13h-17h.

SUKHA AMSTERDAM
Mode femme et déco
59 Plan C1

En sanskrit, *Sukha* signifie « bonheur, félicité ». Ce lieu invite donc à la sérénité avec son nuancier réduit à certaines gammes claires et tendres, et la multiplication de recoins oniriques avec ici et là une cage géante suspendue ou une structure végétale. La boutique allie mode et déco, combine grandes marques et label maison guidé par les règles du développement durable et le commerce équitable (sac de courses en toile à 19,95 €).

Haarlemmerstraat, 110 • Bus 18, 21 et 22 • ☎ 330 40 01 • www.sukha.nl • Lun. 11h-18h30, mar.-sam. 10h-18h30, dim. 12h-17h.

TEUNTJE
Mode enfant
60 Plan B1

Dans cette boutique de vêtements pour enfants, des marques danoises, belges, israéliennes, polonaises et hollandaises qu'on ne trouve qu'ici et qui privilégient le coton et les matières confortables. Pour les enfants de 0 à 12 ans, des vêtements hyper bien coupés à prix intéressants (à partir de 4,95 €).

Haarlemmerdijk, 132 • Bus 18, 21 et 22 • ☎ 625 34 32 • www.teuntje.nl • Lun. 13h-18h, mar.-ven. 10h-18h, sam. 10h-17h.

PAPABUBBLE
Bonbons
61 Plan B1

Créée en Espagne, cette marque propose des bonbons aux nombreux parfums. Les sucreries sont fabriquées artisanalement, à base de produits naturels. Avec un peu de chance, vous pourrez assister à la préparation des *candy rocks*, qui dévoilent un dessin en leur centre une fois découpés (2 € les 15 g, 5 € le pot de 70 g).

Haarlemmerdijk, 70 • Bus 18, 21 et 22 • ☎ 626 26 62 • www.papabubble.nl • Lun. et mer.-ven. 12h-18h, sam. 10h-18h.

Le port et les îles orientales (Quartier 16 - p. 98)

IMPS & ELFS + FRIENDS
Accessoires enfant
62 Carte p. 98

Situé sur l'île KNSM, cet immense paquebot où se côtoient livres, jouets faits main, jeux rétro et vêtements très mode est entièrement dédié aux enfants. Le premier étage est consacré aux bébés et, au rez-de-chaussée, les enfants un peu plus âgés seront les rois. Vous trouverez également tout pour la chambre de vos chères têtes blondes. Lits, draps (à partir de 20 €), gigoteuses (30-60 €), couettes, bureaux, armoires, tapis et lampes, le tout dans un esprit très ludique et coloré.

KNSM-Laan, 297 - KNSM Eiland • Bus 48 • ☎ 419 59 58 • www.imps-elfs.com • Lun.-sam. 10h-18h, dim. 12h-17h.

Imps & Elfs + Friends

SISSY-BOY
Mode et déco 63 Carte p. 98

Avant-gardiste, la marque créée en 1982 a toujours pensé « global ». Pas question de faire seulement des vêtements, elle se veut « mode de vie » et associe la mode (homme, femme, enfant) à la décoration, aux cosmétiques, à l'alimentation. L'enseigne distribue ses produits et une sélection de marques choisies. Membre du BCI (Better Cotton International), Sissy-Boy s'engage pour la qualité des conditions de travail de son personnel. Comptez environ 80 € pour une robe.

KNSM-Laan, 19 – KNSM Eiland
• ☎ 419 15 59 • www.sissy-boy.nl
• Dim.-lun. 10h-18h, mar.-sam. 9h-18h.

POLS POTTEN
Déco 64 Carte p. 98

Erik Pol, passionné de terre cuite et de commerce équitable, a élargi sa gamme de produits. Les dernières tendances du design (meubles et accessoires) pour la maison et le jardin sont exposées dans ce magasin façon hangar. Un choix immense de formes, de matières et de coloris, allant des bougies et photophores au nec plus ultra du design hollandais, le tout à des prix très soft : comptez entre 40 et 200 € pour un vase design.

KNSM-Laan, 39 – KNSM Eiland
• ☎ 419 35 41 • www.polspotten.nl
• Mar.-sam. 10h-18h, dim. 12h-17h.

Les faïences

Parmi les précieuses cargaisons ramenées d'Orient par les bateaux de la VOC (voir p. 46) se trouvaient les fameuses porcelaines de Chine à décor bleu. La première vente aux enchères en 1604 suscita un émoi sans pareil parmi la bourgeoisie hollandaise qui rêvait de posséder de telles pièces. Rares et donc chères, les porcelaines chinoises ne tardèrent pas à être copiées dans les faïenceries de Delft, dont le nombre doubla entre 1651 et 1665.

UNE TECHNIQUE VENUE D'ITALIE

Ce sont les potiers italiens établis à Anvers qui introduisirent l'usage de la faïence aux Pays-Bas au début du XVIe s. À cette époque, la tradition germanique voulait que les objets de cuisine courante fussent en étain, en bois ou en peau. Les troubles politico-religieux les poussèrent à émigrer vers les provinces du Nord, où ils fondèrent les fabriques de Delft, Makkum, La Haye et Haarlem.

LA FAÏENCE DE DELFT

La confusion est courante entre les termes « porcelaine » et « faïence ». Mais bien que la production des faïenceries de Delft et de Makkum se fût orientée à partir de 1613 vers l'imitation de la porcelaine chinoise, **les manufactures hollandaises n'ont jamais produit que de la faïence blanche à décor bleu,** mais aussi à décor polychrome. Les pièces blanches de Delft réservées à la cuisine ne sont plus produites depuis longtemps et, pour cette raison, elles sont très recherchées.

Kramer Kunst & Antiek

PORCELAINE OU FAÏENCE ?

Dans la porcelaine cuite à haute température (1 350 °C), la terre (kaolin) et la couverte forment un amalgame très résistant ne présentant aucun

défaut. À faible épaisseur, la porcelaine a la propriété d'être translucide. La faïence, à base d'argile, est quant à elle le résultat d'une double cuisson : celle de l'objet en terre, ou « dégourdi », qui sera ensuite revêtu d'un émail blanc opaque à base d'étain, décoré ou non. La pièce est enfin recuite à 800 °C. Moins solide que la porcelaine, la faïence peut présenter un certain nombre de défauts : bulles de surcuisson ou décor ayant diffusé dans l'émail. **La faïence de Delft possède un deuxième revêtement (glaçure transparente) qui rehausse les couleurs.** À propos, le saviez-vous ? **Le mot « faïence » vient du nom de la ville italienne de Faenza,** non loin de Ravenne, où cette technique a été développée autour du XVe s.

LA FAÏENCE DE MAKKUM

Moins connue du grand public, la manufacture royale de Makkum est la plus ancienne des Pays-Bas. Fondée en 1594, elle est depuis 1674 entre les mains d'une même famille, les Tichelaar, qui se transmettent de génération en génération les secrets de fabrication des émaux qui font la beauté des pièces issues de leurs ateliers. Que le **décor** soit en camaïeu de bleu ou polychrome, il est **toujours réalisé à la main** par de bons artisans et d'une plus grande finesse que le Delft.

Comment reconnaître un vrai Delft ?

Attention ! Toutes les céramiques bleu et blanc ne sont pas du Delft. Les vendeurs de souvenirs n'hésitent pas à inscrire au dos de céramiques produites à Taïwan « Königliche Blau Delft » surmonté d'une couronne royale. Le prix devrait déjà être une indication de l'authenticité de la pièce, mais pour être sûr, achetez dans des magasins spécialisés, surtout pour les Delft anciens, et vérifiez toujours la marque.

DE PORCELEYNE FLES

La plupart des faïenceries de Delft ont fermé leurs portes dès 1742. La seule à avoir produit des pièces sans interruption depuis sa fondation en 1653 est la manufacture De Porceleyne Fles. Afin d'encourager sa production déclinante, le roi Guillaume III lui décerna le titre de manufacture royale. Elle est actuellement, avec la manufacture de Makkum, la seule à produire du véritable Delft, authentifié par la marque apposée au revers de la pièce.

Carnet

PRATIQUE

Retrouvez toutes nos adresses localisées sur les cartes et plans grâce à un numéro coloré.

56	35	28
Restos	Bars	Boutiques

Le numéro renvoie à sa notice détaillée dans le chapitre concerné.

QUAND PARTIR ?

Le **printemps et l'été** sont les plus belles saisons pour profiter pleinement d'Amsterdam et découvrir ses charmes à vélo, le nez au vent ! En juillet et en août, la température varie entre 21 et 26 °C. Durant l'**hiver**, la ville ne manque pas de charme avec ses canaux gelés qui rappellent les paysages des peintres du Siècle d'or. Attention, on n'est jamais à l'abri des sautes d'humeur du climat hollandais. La pluie et les températures fraîches peuvent vous surprendre à tout moment...

POUR Y ALLER

EN AVION

Air France-KLM assure de nombreux vols quotidiens pour Schiphol au départ de Roissy, terminal 2F. Vols quotidiens depuis Bordeaux, Lyon, Marseille, Nice, Toulouse, Nantes et Strasbourg. Outre les tarifs week-end, le site Internet d'Air France propose tous les mercredis des prix cassés sur certaines destinations. On peut profiter de réductions en réservant son billet bien à l'avance.
☎ 36 54 • www.airfrance.fr
• www.klm.com

Transavia Airlines est une compagnie néerlandaise qui propose des vols aller-retour à partir de 31 € hors taxes, au départ de Montpellier, Grenoble et Toulon (arrivée à Rotterdam) et de Paris-Orly, Nice, Chambéry et Ajaccio (arrivée à Schiphol).
☎ 0892 05 88 88
• www.transavia.com

Easyjet propose des vols depuis Bâle-Mulhouse, Bordeaux, Genève, Lyon, Marseille, Nice, Toulouse ou encore Zurich à partir de 40 €.
www.easyjet.com

EN BUS

Flixbus, **Eurolines** et **Ouibus** proposent des trajets pour Amsterdam, pour un prix moyen variant de 18 à 26 €. Le trajet dure de 7 à 10h selon le nombre d'arrêts. Il y a toujours, en revanche, une

Se renseigner avant de partir

Office néerlandais du tourisme et des congrès
www.holland.com/fr

Thalys

Thalys (**www.thalys.com**) relie Paris à Amsterdam jusqu'à 13 fois par jour en **3h17**. Le WiFi est offert à tous les voyageurs. **Tarifs :** aller simple à partir de 35 € en Standard, 72 € en Comfort et 135 € en Premium (avec repas, réservation de taxi, presse internationale et services). Profitez également de tarifs réduits grâce aux offres telles que Minigroup.

correspondance à Paris depuis les autres villes de France.

www.flixbus.fr • www.eurolines.fr • www.ouibus.com

EN TRAIN

Les trains **Thalys** desservent quotidiennement Amsterdam depuis Paris, en passant par Bruxelles, Anvers et Rotterdam en 3h17. Les tarifs varient de 35 à 135 €.

www.thalys.com • www.oui.sncf • www.trainline.fr

DORMIR À AMSTERDAM

DANS QUEL QUARTIER LOGER ?

Pour un séjour à deux, le **centre historique** peut parfaitement convenir. Orientez-vous vers l'ouest si vous souhaitez trouver du calme tout en étant proche des principaux centres d'intérêt : le **Jordaan** (voir p. 60) est un point de chute idéal. Si vous êtes férus de musée, visez plutôt les quartiers situés entre le **Plantage** (voir p. 90) et le **quartier des musées** (voir p. 80). Ils sont agréables, plus ouverts et spacieux. En famille, prenez un peu de distance pour vous installer du côté du Plantage (voir p. 90) : ici, les musées sont pensés pour les enfants et l'offre en hôtels familiaux est plus fournie. Le quartier est très bien desservi et permet de rejoindre rapidement le centre historique. Enfin, pour ceux qui souhaiteraient s'aventurer dans des quartiers en devenir, n'hésitez pas à traverser l'IJ, derrière la gare centrale, pour loger dans le flambant neuf **quartier nord** (voir p. 106) ou même au cœur des friches du **NDSM** : ambiance garantie !

RÉSERVATION

Réservez en avance pour dénicher les bonnes affaires ! Car plus vous vous y prendrez tôt, plus vous parviendrez à loger près des centres névralgiques. Le plus simple est de réserver en ligne. Sachez également que le 27 avril est jour de la **fête du Roi** (*Koningsdag*, voir p. 20), l'ambiance bat son plein dans toutes les villes hollandaises, et les hôtels sont pris d'assaut.

Centrale de réservation de l'office de tourisme : www.amsterdam.info/hotels

Pour changer du resto

Si vous avez opté pour la location d'un **appartement** et que vous disposez donc d'une **cuisine**, voici quelques pistes pour vous sustenter. De nombreux bars et restaurants proposent de la **vente à emporter**, comme Kessens (voir p. 119), Poké Perfect (voir p. 124), The Lebanese Sajeria (voir p. 114), Van Dobben (voir p. 70), etc. Si vous souhaitez cuisiner, quelques **supérettes** proposent des plats typiques et des produits frais, qui vous permettront de tester les mets locaux pour une somme modique. Dans le registre bio et local, la chaîne **Marqt** (www.marqt.com) est très présente dans le centre (5 boutiques) et vend de nombreux plats préparés de qualité. Ciblez également **Landmarkt** (www.landmarkt.nl), basé dans le Pijp, qui propose moins de plats tout prêts mais une belle palette de produits frais. N'oubliez pas, également, les marchés tels que **Albert Cuypmarkt** (voir p. 87) ou le **marché fermier de Westerpark** (voir p. 65).

TARIFS

Comptez un minimum de 70 € la nuit pour les hôtels de base et entre 70 et 150 € pour des hôtels plus sélects. La taxe de séjour est à ajouter.
Un hôtel confortable à Amsterdam coûtant cher, l'option Airbnb est, en conséquence, très prisée.
Retrouvez notre sélection d'adresses, p. 199-201.

ALLER DE L'AÉROPORT AU CENTRE-VILLE

EN TRAIN

Le plus rapide et le moins cher est de prendre le train qui vous emmène en 20 min à la gare centrale (Plan C2/D2) : départ toutes les 20 min (6h-1h) depuis la gare située en sous-sol du terminal. Des billets sont en vente aux guichets automatiques ouverts jour et nuit (env. 5 € l'aller).

EN BUS

L'aéroport de Schiphol se trouve à 18 km au sud-ouest d'Amsterdam. Pour vous rendre au centre-ville, vous avez plusieurs possibilités.
Le **bus Connexxion** (Schiphol Hotel Shuttle) part toutes les demi-heures (5h-0h30) devant la sortie principale de l'aéroport, à destination des principaux hôtels d'Amsterdam. Le billet (5 € l'aller) est en vente auprès du chauffeur dans le hall 4.
☎ 88 339 47 41
• www.airporthotelshuttle.nl

EN TAXI

Un taxi vous emmènera à la porte de votre hôtel pour environ 40 €.

Il faut compter entre 30 min et 1h de trajet.

SE DÉPLACER

Étant donné la faible superficie de la ville et la difficulté d'y circuler en voiture - et surtout de trouver une place de parking -, **mieux vaut se balader à pied** en suivant le tracé des canaux. Pour des distances un peu plus longues, le plus simple et le plus agréable est d'utiliser les **trams**, qui desservent très bien toute la ville et sont très fréquents, ou de louer un vélo (voir p. 191).

EN MÉTRO, TRAMWAY, BUS

Ils circulent de 6h à 0h30. Les **bus** de nuit prennent la relève de 0h30 à 7h30. Le réseau de transports en commun est étendu, pratique, rapide et bon marché : 4 lignes de métro, 16 lignes de tram, 5 liaisons par bac, 32 lignes de bus et 11 lignes de bus de nuit. Une grande partie des **trams** qui partent de la gare centrale passent par le Dam et la Muntplein (sauf les trams des lignes 1, 2, 5, 13 et 17). Pour les autres stations, consultez le plan ou demandez au conducteur, qui vous informera en anglais. Le **métro** ne vous sera pas d'une grande utilité, sauf si vous comptez vous rendre dans la zone est de la ville ou en dehors d'Amsterdam. Enfin, sachez que si vous avez loué un **vélo**, vous pouvez sans aucun problème le transporter dans le métro avec vous. N'oubliez pas qu'ici le vélo est roi !

Retrouvez le plan des transports sur notre plan détachable.

Titres de transport

Vous pouvez acheter un billet à l'unité (valable 1h pour 3 €) aux automates dans les stations de métro ou auprès des conducteurs de bus et de tram. Vous pouvez également vous procurer la **OV-Chipkaart**, une carte à puce

Vers un tourisme plus responsable

À l'instar d'autres villes touristiques, Amsterdam tente de réguler son flot de visiteurs. L'arrivée des offres d'hébergement à prix cassé a généré un important flux, que la municipalité considère désormais comme plus néfaste que bénéfique pour le quotidien des habitants pour qui le coût de la vie a augmenté. Ainsi, en vous adressant à l'**office de tourisme**, vous remarquerez que toutes leurs suggestions sont tournées vers des **quartiers situés hors du centre historique**. S'il est légitime d'avoir envie de visiter les quartiers les plus connus, suivez leurs conseils le temps d'une journée ! Vous découvrirez de jolies pépites, comme dans les quartiers nord, ou bien en prenant le large pour visiter les environs en kayak (voir p. 15).

I Amsterdam City Card

Cette carte à puce valable 24h, 48h, 72h ou 96h (59, 74, 84 ou 94 €) donne libre accès à tous les transports publics, à une excursion en bateau-mouche et à 38 musées de la ville, dont le Rijksmuseum et le Van Gogh Museum (attention, même avec cette carte, il faut réserver son billet pour le Van Gogh Museum à l'avance sur le site Internet du musée, voir p. 82). En outre, elle offre une réduction de 25 % pour l'accès à certains sites (Madame Tussaud Museum, Heineken Experience, Canal Bus, etc.). En vente dans les offices de tourisme, kiosques GVB et certains hôtels. **www.iamsterdam.com**

(personnalisée ou pas), valable 5 ans et rechargeable, qui permet de voyager sur tous les types de transports en commun. La carte en elle-même coûte 7,50 €, puis vous pouvez la recharger d'un minimum de 4 € pour le bus, le métro et le tramway, et de 20 € pour le train. Autre possibilité : le **GVB Day Ticket** ou **Multi-Day Ticket**. Le ticket 1 jour vaut 7,50 €, 2 jours 12,50 €, 3 jours 17,50 €, 4 jours 22,50 €. Le ticket pour les enfants vaut 2,50 € pour 1 jour. Tous ces titres de transport sont en vente dans le kiosque de la **GVB** (la compagnie des transports publics) en face de la gare centrale, dans les billetteries automatiques de la gare et du métro, ou sur le site Internet.

www.gvb.nl

À VÉLO

Avec la bicyclette, pas de problème de stationnement, pas de côtes, priorité absolue sur les voitures et les piétons (qui se font vertement rabrouer dès qu'ils osent mettre un orteil sur la piste cyclable). Le seul inconvénient est le vol, assez fréquent. Mieux vaut donc, lors de la location, s'assurer que le vélo est muni d'un antivol digne de ce nom. Les tarifs sont dégressifs selon la durée de la location. Attention ! La plupart des vélos n'ont qu'**une seule vitesse et un système de freinage par rétropédalage**, ce qui est déroutant au début. On vous demandera une **carte d'identité et une caution** de 50 à 100 €, ou une empreinte de votre carte bancaire, au moment de la location.

Frederic Rent a Bike

Un accueil en français et un prix rond (15 €) tout compris pour des vélos classiques.

Brouwersgracht, 78 (Plan C1-2)
• Bus 18, 21 et 22 • ☎ 624 55 09
• www.frederic.nl • T.l.j. 9h-17h30.

Mac Bike

Des locations à partir de 9,75 € pour 24h et un vaste choix de vélos pour adultes et enfants. Si vous êtes nombreux (réduction pour les groupes), rendez-vous plutôt au dépôt de la Waterlooplein.

Gare centrale Est (Centraal Station Oost) : Oosterdokskade, 151 (Plan D2) • Gare centrale Nord (Centraal Station Noord) : De Ruijterkade, 34B (Plan D2) • Weteringschans, 2 (Plan B4) • Waterlooplein, 199 (Plan I8) • Overtoom, 45 (Plan B4) • ☎ 620 09 85 • www.macbike.nl • T.l.j. 9h-17h45.

Orangebike

Excursions à vélo et en bateau à Amsterdam ou dans le Waterland, et balades à thème (architecture, histoire, plage, gay, etc.) avec un guide francophone. À partir de 11 € pour 24h.

Bluiksloterweg, 5C (Plan D1), prendre le bac derrière la gare, on peut faire livrer le vélo à son hôtel • ☎ 646 842 083 • www.orange-bike.nl • T.l.j. 9h-18h.

Yellow Bike

Le spécialiste des visites guidées à vélo accompagnées par un guide anglophone parlant parfois le français. Location de vélo : 12 € pour 24h, 20 € pour 48h.

Binnen Wieringerstraat 23 (Plan C1-2) • ☎ 620 69 40 • www.yellowbike.nl/fr • T.l.j. 9h30-18h • Départs : t.l.j. 10h30 (durée 2h) : 23,50 € ; 13h30 (durée 3h) : 28,50 € (résa conseillée).

EN *PEDAL BOAT*

Le *pedal boat*, embarcation à pédales de 2 ou 4 places, se loue aux embarcadères suivants : près de Leidseplein (Plan B4), entre le Rijksmuseum et la brasserie Heineken (Plan B5), en face de la Westerkerk (Plan B2) et au coin de Keizersgracht/ Leidsestraat (Plan B3). La caution est de 20 € et il faut compter 9 € l'heure/pers., 12 € l'heure et demie/pers. Une brochure avec le plan des canaux et 7 propositions d'itinéraires vous sera distribuée. Moyennant 5 € supplémentaires, vous pouvez laisser votre embarcation à l'embarcadère qui vous arrange le plus.

Weteringschans, 26 (Plan B4) • Trams 7 et 10 • ☎ 217 05 00 • www.stromma.nl/fr/amsterdam/sightseeing/canal-tours/pedal-boat • Avr.-fin oct. : t.l.j. 10h-18h (21h juil.-août).

EN BATEAU

La société de **transports publics (GVB)** organise des liaisons gratuites en bac entre le centre-ville et l'ancien chantier naval (NDSM-Terrein) ainsi que le cinéma EYE (arrêt Buiksloterweg). L'embarcadère se situe derrière la gare centrale. Comptez en moyenne un bateau toutes les 15 min le w.-e. (5 min en semaine) pour le Buiksloterweg, un bateau toutes les 15 min pour le NDSM (30 min le w.-e.) ; et un dernier départ aux alentours de minuit.

www.gvb.nl

Hop On - Hop Off Boat

Au départ de la gare centrale, 2 lignes assurent la liaison entre les principaux centres d'intérêt

Pensez-y !

Formalités

Les ressortissants de l'Union européenne, y compris les mineurs, doivent être en possession d'une **carte d'identité ou d'un passeport** en cours de validité. Les enfants mineurs non accompagnés de l'un de leurs parents doivent, en outre, être en possession d'une autorisation de sortie du territoire (formulaire à télécharger sur : www.service-public.fr/particulier/vosdroits/F1359).

Assurance

Les forfaits proposés par les voyagistes comprennent généralement une assurance assistance-rapatriement mais non l'assurance annulation et bagages. À condition de régler l'achat de votre billet d'avion ou de train avec une carte de paiement internationale, vous bénéficiez d'une assistance médicale et rapatriement. À défaut, il est toujours prudent de souscrire une assurance auprès d'un organisme agréé.

Europ Assistance : ☎ 01 41 85 93 65 • Lun.-sam. 8h30-19h.

Santé

Si vous suivez un traitement médical, prenez vos médicaments avec vous car vous ne serez pas assuré de trouver les mêmes sur place. Les ressortissants de l'UE ont droit à une assistance médicale gratuite (soins et médicaments) auprès des médecins agréés par l'ANOZ *(Algemeen Nederlands Onderling Ziekenfonds)*. Il vous faudra présenter votre Carte européenne d'assurance maladie. Faites-en la demande par courrier auprès de votre caisse d'assurance maladie.

Douane

En venant de Belgique en voiture, vous entrerez aux Pays-Bas sans vous en rendre compte. Néanmoins, depuis les événements de 2016, la présence douanière a été renforcée et des contrôles sont effectués de manière aléatoire. Si vous voyagez en train, vous serez peut-être soumis à la fouille par les douaniers français ou belges en raison des trafics de drogue. Si la possession de 5 g de marijuana est autorisée aux Pays-Bas, cela devient tout à fait illégal une fois la frontière franchie ! Par ailleurs, vous pouvez acheter des biens pour vos besoins personnels sans limitation de quantité ou de valeur et sans formalité aux frontières de l'UE. Selon que vous êtes citoyen de l'UE ou non, les quantités de tabac et d'alcool que vous pouvez introduire ou rapporter des Pays-Bas varient.

Centre de renseignement des douanes : ☎ 0811 20 44 44 (depuis la France) • ☎ 00 33 1 72 40 78 50 (depuis les Pays-Bas) • www.douane.gouv.fr

Jours fériés en 2019

- **Jour de l'an**
- **19 avril (Vendredi saint)**
- **22 avril (lundi de Pâques)**
- **27 avril (fête du Roi)**
- **5 mai (jour de la libération)**
- **30 mai (Ascension)**
- **10 juin (lundi de Pentecôte)**
- **25 et 26 décembre (Noël)**

(musées et rues commerçantes) en suivant les plus beaux canaux. La **Blauwe Lijn** (ligne bleue), depuis la gare centrale Ouest, dessert 5 arrêts (sens est-ouest) : A'dam Lookout, maison d'Anne Frank, Leidseplein/Vondelpark, Rijksmuseum/Van Gogh Museum, Waterlooplein/Stopera. La **Oranje Lijn** (ligne orange) part également de la gare centrale Ouest, mais elle fait la boucle dans l'autre sens : NEMO, Rembrandtplein/ Hermitage, Heineken Experience/ Albert Cuypmarkt, Rijksmuseum/ Van Gogh Museum, Leidseplein/ Vondelpark, maison d'Anne Frank (70 min env.). Les navettes partent toutes les 40 min (ligne bleue), 30-50 min (ligne orange). En général, ces lignes circulent de 10h à 18h (21h juil.-août). Le billet 24h est à 24 €, 27 € pour 48h sur l'ensemble du réseau, vous permettant de descendre et de monter quand vous le désirez. Les billets, valables jusqu'au lendemain midi, sont en vente dans les kiosques suivants : gare centrale, maison d'Anne Frank, Leidseplein et Rijksmuseum. Des réductions sont accordées sur les entrées de musées, les transports et dans certains magasins et restaurants.
☎ 217 05 00 • www.stromma.nl/fr/amsterdam/sightseeing/croisieres/hop-on-hop-off-boat

Amsterdam Harbour Cruise

D'avril à début septembre, découvrez l'IJ et le port d'Amsterdam avec l'Amsterdam Harbour Cruise. Départ du quai 14 sur le Ruijterkade (Plan D1-2), derrière la gare centrale. Durée 1h30, tarif : 15 €.
www.stromma.nl/fr/amsterdam/sightseeing/croisieres/amsterdam-harbour-cruise

Candle Light Cruise

Des croisières aux chandelles de 2h avec dégustation de vins et de fromages hollandais ont lieu tous les soirs de mi-mars à fin octobre, et du mardi au samedi de novembre à mi-mars (39 €). Départ à 20h (21h en été) en face de la gare centrale, *check-in* à 19h30 (20h30 en été).
Prins Hendrikkade, 25 (Plan H6) • ☎ 530 10 90 • www.lovers.nl

Lovers canal cruises - CitySightseeing Amsterdam

Plusieurs formules permettent de découvrir la ville en bateau (ou bateau + bus) en partant de la gare centrale. Le billet forfaitaire (24 ou 48h) permet d'utiliser 2 lignes « Hop On - Hop Off » autant de fois que vous le désirez. Sont notamment desservis : la maison d'Anne Frank, le Rijksmuseum, le Van Gogh

Amsterdam Gratuit

• Le Béguinage (voir p. 27) : l'un des plus emblématiques lieux de la ville.

• De septembre à juin, des concerts gratuits sont organisés au Concertgebouw (voir p. 84) le mercredi à 12h30. Le Nationale Opera & Ballet **(operaballet.nl)** fait la même chose le mardi à la même heure. Si vous êtes plutôt porté sur le jazz, rendez-vous le mardi (sauf l'été) à 20h au BIMhuis (voir p. 156) pour une jam-session **(www.bimhuis.nl).**

• La bibliothèque publique (voir p. 95) propose nombre de distractions gratuites : expos, activités enfants, piano en libre service **(www.oba.nl).**

• Le diamantaire Gassan (voir p. 55) organise des visites gratuites pour faire découvrir l'univers de la pierre précieuse **(www.gassan diamonds.nl).**

• Sandeman organise des visites gratuites. Départs : t.l.j. 10h30, 11h, 13h30 et 14h devant le Monument national de la place du Dam. Pourboires bienvenus, résa en ligne **(www.newamsterdamtours.com).**

• Les bacs qui naviguent sur l'IJ permettent de faire une agréable balade en bateau (voir p. 192).

Museum et la brasserie Heineken. Les départs ont lieu toutes les 15-25 min de 9h15 (10h en hiver) à 18h50. Croisières : à partir de 13 €. Billet forfaitaire : à partir de 25 € pour 24h et 36 € pour 48h.
Prins Hendrikkade, 25 (Plan I7) • ☎ 530 10 90 • www.lovers.nl

Open Boat Tours

Cette ligne de bateaux électriques offre, du jeudi au dimanche, un parcours de 75 min env. à travers la ville. Pas d'horaires précis : tout dépend de la météo. Le parcours n'est pas toujours le même.
☎ 217 05 00 • www.stromma.nl/fr/amsterdam/sightseeing/croisieres/open-boat-tours • 19,50 €/pers.
• Départs : Stromma Damrak, Pier 6 ; Stromma Keizersgrapcht ; Stromma Rijksmuseum ; I Amsterdam Visitor centre.

Tour en éco-bateau

L'association de guides francophones **Amsterdam bateau** propose des visites guidées de la ville en bateau électrique... où vous pouvez apporter votre apéro ! Ce tour d'1h30 est organisé 6 fois par jour (10 participants min, 30 max).
Départ : Pont Han Lammersbrug (en face du 10, Westerdoksplein), à 7 min à pied de Centraal station • ☎ 0641 176 032 • www.amsterdam-bateau.com • 25 €/pers.

EN TAXI

Les taxis sont peu nombreux et chers. Les Amstellodamois les utilisent le plus souvent pour des trajets de nuit. Les stations se trouvent aux abords de la gare centrale, de Leidseplein, de Rembrandtplein, du Nieuwmarkt, de Waterlooplein, du Dam et du Spui.
Numéro d'appel central : ☎ 677 77 77.

À VOIR, À FAIRE

OFFICES DE TOURISME

En plus de vous délivrer des dépliants sur Amsterdam, le personnel peut vous renseigner sur les spectacles, les excursions et les hôtels, en se chargeant même des réservations si vous le désirez. Attention, les offices de tourisme sont souvent bondés. Le mieux est de vous renseigner au maximum avant de partir.
I Amsterdam Visitor Center : Stationsplein, 10 (Plan H6/I6) • Schiphol : terminal 2, dans le hall d'arrivée • ☎ 702 60 00 • www.iamsterdam.com • Lun.-ven. 9h-17h.

VISITES GUIDÉES

Pour bénéficier des lumières d'un guide érudit, voici plusieurs pistes :

À pied

• Amsterdam autrement
Amstellodamoise professeur de français, Els a à cœur de faire découvrir sa ville aux francophones. Elle organise 4 parcours (12,50-17,50 €) qui permettent d'appréhender la capitale : Jordaan, l'ancien chantier naval, les îles occidentales, la vieille ville.
☎ 633 88 30 31 • www.amsterdamautrement.nl • Horaires variables.

• Amsterdam sur mesure
Ancienne responsable de la presse internationale pour la ville, Lilian Tilmans crée des visites haut de gamme sur mesure, notamment en français.
☎ 494 19 80 • lilian@sincerelyours.amsterdam • tilmans@ceryx.nl • amsterdampersonalized.nl

À vélo

• Amsterdam à vélo
Ici, toute une équipe ultra-dynamique est à votre disposition, et ne vous fiez pas au nom : s'ils proposent effectivement d'agréables balades à vélo (centre, nature ou Java et KNSM ; dès 25 €), les guides s'occupent également des visites de musées et des tours en bateau.
Spuistraat, 110 (Plan G6) • ☎ 641 17 60 32 • www.amsterdam-velo.com • T.l.j. à 9h30, 12h30, 15h30.

En bateau-mouche

Plusieurs agences de bateaux-mouche proposent des départs toutes les 15 min de 9h à 18h et toutes les 45 min de 18h à 22h. Départ à la gare centrale ou au Rokin. Vérifiez la langue des visites avant d'acheter votre billet car toutes les compagnies n'ont pas un circuit en français.

Bon à savoir

Heure locale et voltage

Le courant est, aux Pays-Bas comme en France, de 220 volts et les prises sont identiques. Vous vivrez aussi à Amsterdam à la même heure qu'en France, hiver comme été.

Banques

Horaires : mar.-ven. de 9h/10h à 16h/17h ; et à partir de 13h le lundi.

Téléphoner

Pour téléphoner depuis la France aux Pays-Bas, composez le 00 31, suivi de l'indicatif de la ville (le 20 pour Amsterdam). Pour téléphoner en France, il faut composer le 00 suivi de 33 puis le numéro de votre correspondant sans le 0 initial. Dans Amsterdam même, il suffit de composer le numéro à 7 chiffres. Il doit être précédé du 020 si vous appelez d'une autre ville des Pays-Bas.

Depuis juin 2017, les **frais d'itinérance** *(roaming)* ne vous sont plus facturés par votre opérateur mobile lors de vos voyages dans les pays de l'Union européenne. Vos communications à Amsterdam vous coûteront le même prix que vos communications nationales. Renseignez-vous auprès de votre opérateur.

Écrire

Les timbres sont en vente chez les marchands de journaux et les buralistes. Le tarif pour une lettre de 20 g est de 1,33 € en envoi classique. Glissez votre courrier pour l'étranger dans la fente *overige bestemmingen* des boîtes aux lettres rouges ou orange de la TNT Post.

Numéros utiles

Urgences : ☎ 112.
Consulat de France : Vijzelgracht, 2 (Plan C4) • ☎ 530 69 69.
Police : N° général ☎ 0900 88 44 • Bureau central : Elandsgracht, 117 (Plan B3) • Schiphol : ☎ 0800 18 14. Objets trouvés : Schiphol, ☎ 0900 01 41 • Toutes les gares et tous les trains : ☎ 030 75 15/55 • Bus, trams et métros : ☎ 0900 80 11 et www.gvb.nl/klantenservice/verloren-voorwerpen

• Salonboot Paradis

Pour faire une balade superchic sur les canaux, la location d'un élégant salon-bateau en bois datant de 1920 est le must absolu (220 € la 1re heure, puis 180 €/h). Vous aurez accès au bar et vous pourrez commander un buffet. Ce bateau-salon accueille 12 personnes.

☎ 684 93 38 • www.privateboattours.nl

MUSÉES

La plupart des musées ouvrent leurs portes de 10h à 17h du lundi

au samedi et à partir de 13h le dimanche. Si les musées importants sont ouverts tous les jours, certains ferment le lundi et le dimanche matin (jusqu'à 11h ou 13h). Les jours fériés, ils adoptent l'horaire du dimanche sauf les 1er janvier, 27 avril et 25 décembre, dates auxquelles ils sont fermés. Les étudiants, les jeunes de 6 à 18 ans et les seniors (plus de 65 ans) bénéficient d'un tarif réduit, sur présentation d'un justificatif.
Voir « Nos conseils de visite pour gagner du temps » p. 25.

SPECTACLES

Pour assister aux concerts et aux spectacles (théâtre, danse ou opéra), vous pouvez vous rendre aux **guichets des salles** ou acheter les tickets sur le site Internet **Last Minute Ticket** à partir de 10h, à moitié prix, pour le soir même.
- ☎ 0900 01 91 (0,40 €/min)
- www.lastminuteticketshop.nl

ET LE BUDGET ?

Comme la plupart des capitales européennes, Amsterdam n'est pas une ville particulièrement bon marché. Les hôtels et restaurants pratiquent des prix assez élevés. En revanche, il est possible le midi de manger sur le pouce ou un plat du jour à petit prix. Les boissons, même dans des cafés avec terrasse et belle vue, restent accessibles. Pour les visites de musées, le mieux est de se doter de l'**I Amsterdam City Card** (voir p. 191).

COMMENT PAYER ?

Les Pays-Bas étant un pays de la zone euro, vous pouvez y effectuer vos retraits et paiements par carte (Visa, MasterCard, etc.) comme vous le feriez en France. Tous vos paiements par carte sont gratuits et vos retraits sont soumis aux mêmes conditions tarifaires qu'en France (ils sont donc gratuits pour la plupart des cartes bancaires). Les règlements par carte sont majoritairement acceptés dans les hôtels et les restaurants : une pièce d'identité pourra vous être demandée. Si certains petits commerçants préfèrent les espèces, vous pourrez en retirer aisément à l'un des distributeurs à proximité. Renseignez-vous auprès de votre banque avant de partir pour vous assurer que vos plafonds de retrait et de paiement à l'étranger sont activés et pour connaître les montants hebdomadaires autorisés.

PERTE OU VOL DE CARTE BANCAIRE

Avant de partir, n'oubliez pas de noter les 16 chiffres de votre carte bancaire, qui vous seront demandés en cas d'opposition.
Visa : ☎ 0800 022 3110 depuis les Pays-Bas • www.visa.fr
MasterCard : ☎ 0800 022 5821 depuis les Pays-Bas • www.mastercard.com/fr
American Express : ☎ 0033 1 47 77 72 00 • www.americanexpress.com
Numéro depuis l'étranger pour toutes les cartes : ☎ 0033 442 605 303.

Nos hôtels PAR QUARTIER

Le Dam (Quartier 2 - p. 32)

WESTCORD CITY CENTRE

Hôtel de 106 chambres au look design. Super confort, couettes moelleuses, salles de bains agréables. Consultez le site Internet pour profiter des offres week-end !

N.Z. Voorburgwal, 50 (Plan G6) • ☎ 422 00 11 • www.westcordhotels.nl • De 89 à 289 €.

THE EXCHANGE

Les propriétaires du Lloyd Hotel (voir p. 201) ont investi le Damrak en regroupant deux anciens bâtiments historiques pour créer un hôtel original aux chambres qui sont classées de 1 à 5 étoiles, conçues notamment par de jeunes designers. Un concept qui permet à tous les portefeuilles de se loger.

Damrak, 50 (Plan H6) • ☎ 523 00 80 • www.hoteltheexchange.com • De 90 à 300 €.

WINSTON

Cet hôtel dispose de 67 chambres toutes décorées par des artistes de toutes nationalités. Les night-clubbers se retrouvent au bar et au club Winston (voir p. 144).

Warmoesstraat, 129 (Plan H7) • ☎ 623 13 80 • www.winston.nl • De 74 à 160 €.

Le Jordaan (Quartier 7 - p. 60)

'T HOTEL

Ce charmant bed & breakfast est aménagé dans une belle maison du XVIIe s. Trois de ses 8 chambres ont une vue sur le canal Leliegracht, les autres sur les jardins.

Leliegracht, 18 (Plan B2) • Trams 13, 14 et 17 • ☎ 422 27 41 • www.thotel.nl • De 139 à 200 €.

Rembrandtplein (Quartier 9 - p. 68)

PRINSENHOF

Un petit hôtel plein de charme de 10 chambres, décorées avec goût, pour les petits budgets et pour ceux qui ne redoutent pas les escaliers raides.

Prinsengracht, 810 (Plan C4) • Tram 4 • ☎ 623 17 72 • www.hotelprinsenhof.com • À partir de 110 €.

Leidseplein (Quartier 11 - p. 76)

KEIZERSHOF

C'est dans une bâtisse datant du XVIIe s. que Mme De Vries vous reçoit dans une atmosphère typiquement hollandaise, avec mobilier d'époque et linge de maison à l'ancienne. L'établissement est idéalement situé pour visiter la ville.
Keizersgracht, 618 (Plan C4) • Trams 16 et 24 • ☎ 622 28 55 • www.hotelkeizershof.nl • De 95 à 150 €.

BOUTIQUE HOTEL VIEW

Une ambiance familiale et chaleureuse pour cet hôtel de quelques chambres en bord de canal. À l'écart de l'agitation de Leidseplein, une excellente adresse pour rayonner dans la ville facilement tout en dormant au calme. Petits déjeuners copieux, non inclus.
Leidsekade, 77 (Plan B4) • ☎ 528 9668 • www.boutiquehotelview.nl/fr • De 120 à 150 €.

Le quartier des musées et Vondelpark (Quartier 12 - p. 80)

CONSERVATORIUM

Cet ancien conservatoire a été rénové avec brio : le mélange de design contemporain et les emprunts à l'héritage hollandais fait merveille.
Van Baerlestraat, 27 (Plan B5) • Trams 3, 5 et 12 • ☎ 570 00 00 • www.conservatoriumhotel.com • À partir de 400 €.

De Pijp (Quartier 13 - p. 86)

HOTEL V

Situé près de Frederiksplein, ce boutique-hôtel, installé dans un immeuble de brique, propose des chambres confortables. La décoration est moderne et design.
Weteringschans, 136 (Plan C5) • Trams 7 et 10 • ☎ 662 32 33 • www.hotelv.nl • De 109 à 239 €.

Plantage (Quartier 14 - p. 90)

GENERATOR

Cette auberge de jeunesse nouvelle génération s'est installée en bordure de l'Oosterpark. Les chambres sont spacieuses, la literie est bonne et chaque lit dispose d'une prise USB. Moderne

et design, elle plaira aussi bien aux backpackers qu'aux couples. L'établissement dispose d'espaces en commun : bar, snack pour déjeuner ou dîner (salades, burgers, etc.), coin salon, etc. Possibilité de location de vélos sur place. C'est une très bonne adresse.
Mauritskade, 57 (Plan E4) • Tram 9 • ☎ 708 56 00 • www.generatorhostels.com/amsterdam • De 17 € (en dortoir) à plus de 100 € (en chambre privée) avec petit déjeuner.

HOTEL PARKLANE

Dans un environnement boisé et avec un décor légèrement suranné, cet établissement est à l'écart de l'agitation. Des chambres sobres mais relativement spacieuses pour Amsterdam, et la proximité d'un parc font tout le charme de cet hôtel.
Plantage Parklaan, 16 (Plan E3) • ☎ 622 48 04 • www.hotel-parklane.nl • Env. 100 € (petit déjeuner inclus).

HOTEL ARENA

Un cadre exceptionnel pour cet hôtel situé dans un parc où se dresse une chapelle en brique, un étang et de grandes promenades. Rénové, l'établissement dispose d'un grand espace de restauration cosy et de chambres disposant de tout le confort. Un peu excentré mais très charmant.
's-Gravesandestraat, 55 (Plan E4) • ☎ 850 24 00 • www.hotelarena.nl • Env. 179 € (petit déjeuner non inclus).

Autour de Centraal Station (Quartier 15 - p. 94)

A-TRAIN HOTEL

À deux pas de la gare, une halte façon Orient-Express dans cette maison du XVIIe s. Les 34 chambres sont très agréables et dotées de toutes les facilités d'un grand hôtel.
Prins Hendrikkade, 23 (Plan H6) • ☎ 624 19 42 • www.atrainhotel.com • De 70 à 200 €.

Le port et les îles orientales (Quartier 16 - p. 98)

LLOYD HOTEL

Magnifique bâtiment historique devenu temple du design (voir p. 101), l'hôtel s'adapte à tous les budgets. Il propose une gamme d'hébergements allant de la rudimentaire (mais graphique) chambre 1-étoile avec salle de bains partagée aux versions 5-étoiles de 50 m², ornées d'œuvres de designers hollandais.
Oostelijke Handelskade, 34 (Carte p. 98) • Tram 10-26 Rietlandpark • ☎ 561 36 36 • www.lloydhotel.com
• De 55 à 150 € la double 1-étoile
• De 75 à 275 € la double 2-étoiles
• De 100 à 350 € la double 3-étoiles.

Lexique

EXPRESSIONS USUELLES

Après-midi : ***Middag***
Au revoir : ***Tot ziens***
Boire : ***Drinken***
Bonjour (le matin) : ***Goedemorgen***
Bonjour (à partir de midi) : ***Goedemiddag***
Bonjour : ***Goedendag, dag***
Bonsoir : ***Goedenavond***
Manger : ***Eten***
Matin : ***Ochtend***
Merci : ***Dank u wel***
S'il vous plaît : ***Alstublieft***
Soir : ***Avond***
C'est trop cher : ***Het is te duur***
Combien cela vaut-il ? : ***Hoeveel kost het ?***
Comprenez-vous ? : ***Verstaat u me ?***
Excusez-moi : ***Sorry, pardon***
Je ne comprends pas : ***Ik versta u niet***
Je veux : ***Ik wil***
Je voudrais : ***Ik had graag***
Parlez-vous français ? : ***Spreekt u Frans ?***

ESPACE ET TEMPS

À demain : ***Tot morgen***
Après : ***Na***
Aujourd'hui : ***Vandaag***
Avant : ***Voor***
Demain : ***Morgen***
Encore : ***Nog***
Heure : ***Uur***
Hier : ***Gisteren***
Horloge : ***Klok***
Là-haut : ***Daar boven***
Maintenant : ***Nu***
Minute : ***Minuut***
Montre : ***Horloge***
Où : ***Waar***
Pendant : ***Gedurende, tijdens***
Près : ***Dichtbij***
Quand : ***Wanneer***
Quart d'heure : ***Kwartier***
Tard : ***Laat***
Tôt : ***Vroeg***
Quelle heure est-il ? : ***Hoe laat is het ?***
Il est une heure : ***Het is één uur***
Il est midi : ***Het is 12 uur***
Il est minuit : ***Het is middernacht***

FAIRE DU SHOPPING

Antiquité : ***Antiek***
Argent : ***Geld***
Argent (matière) : ***Zilver***
Bottes : ***Laarzen***
Boutique : ***Winkel***
Carreau : ***Ruit*** / tissu à carreaux : ***Schotse ruit***
Casquette : ***Pet***
Ceinture : ***Riem***
Chapeau : ***Hoed***
Chaussettes : ***Sokken***
Chaussures : ***Schoenen***
Chaussures à lacets : ***Schoenen met veters***
Chemise : ***Hemd***
Coton : ***Katoen***
Cravate : ***Das, stropdas***
Cuir : ***Leer, leder***
Dentelle : ***Kantwerk***
Drap : ***Laken***
Étiquette : ***Etiket***
Grand magasin : ***Warenhuis***
Imperméable : ***Regenjas***
Jouet : ***Speelgoed***
Jupe : ***Rok***
Jupe droite : ***Rechte rok***
Jupe plissée : ***Plooirok***
Lacet : ***Veter***
Laine : ***Wol***
Livre : ***Boek***
Marché : ***Markt***
Mocassin : ***Mocassin***
Mode : ***Mode***
Nappe : ***Tafelkleed***
Napperon : ***Kleedje***
Or : ***Goud***
Pardessus : ***Overjas***
Pointure : ***Schoenmaat***
Pois : ***Stip*** / Tissu à pois : ***Stof met stippen***
Prix : ***Prijs***
Pull-over : ***Pullover, trui***
Rayure : ***Streep*** / Tissu à rayures : ***Stof met strepen***
Rétrécir : ***Krimpen***
Robe : ***Jurk***
Sac : ***Tas*** / Sac à main : ***Handtas***
Serviettes (de bain) : ***Handdoeken***
Serviettes (de table) : ***Servetten***
Soie : ***Zijde***
Soldes : ***Uitverkoop***
Sous-vêtements : ***Ondergoed***
Soutien-gorge : ***B.H. (Bustenhouder)***
Supermarché : ***Supermarkt***
Taie d'oreiller : ***Kussensloop***
Talons hauts : ***Hoge hakken***
Uni : ***Effen***
Veste : ***Jas***
Veste croisée : ***Gekruisde jas***
Veste droite : ***Rechte jas***

À LA DOUANE

Carte d'identité : ***Identiteitskaart***
Carte verte : ***Groene kaart***
Devises étrangères : ***Vreemde valuta***
Douanier : ***Douanier***
Objets personnels : ***Persoonlijke voorwerpen***
Objets usagés : ***Gebruikte voorwerpen***
Passeport : ***Paspoort***
Rien à déclarer ? : ***Heeft u iets aan te geven ?***

À L'HÔTEL

Une chambre à un lit : ***Een kamer met een***

eenpersoonsbed
Une chambre à lit double : *Een kamer met een tweepersoonsbed*
Une chambre à deux lits : *Een kamer met twee bedden*
Lit à deux places : *Tweepersoonsbed*
Réservation : ***Reservering***
Salle de bains particulière : *Privé badkamer*
Avez-vous des chambres ? : *Zijn er nog kamers vrij ?*
Je voudrais une chambre : *Ik wil graag een kamer*
Quel est le prix ? : *Hoeveel kost het ?*

AU RESTAURANT

Addition : *Rekening*
Agneau : *Lamsvlees*
Assiette : *Bord*
Beurre : *Boter*
Bière : *Bier*
Bœuf : *Rundvlees*
Boisson (sans alcool) : *Alcoholvrije drank*
Boisson alcoolisée : *Sterke drank*
Bouteille : *Fles*
Canard : *Eend*
Côtelette : *Koteletje*
Couteau : *Mes*
Cuillère : *Lepel*
Déjeuner : *Lunch*
Dessert : *Nagerecht*
Dîner : *Diner*
Eau : *Water*
Fourchette : *Vork*
Fromage : *Kaas*
Garçon : *Ober*
Huile : *Olie*
Menu (carte) : *Menukaart*
Moutarde : *Mosterd*
Pain : *Brood*
Petit déjeuner : *Ontbijt*
Pommes frites : *Friet, patat*
Repas : *Maaltijd*
Rôti : *Gebraad*
Salade : *Salade*
Service compris : *Bediening inbegrepen*
Viande : *Vlees*
Vin : *Wijn*

EN VILLE

À droite : *Rechtsaf*
À gauche : *Linksaf*
Église : *Kerk*
Métro : *Sneltram, metro*
Rue : *Straat*
Taxi : *Taxi*
Timbre-poste : *Postzegel*
Tournant : *Bocht*

Index

I / J

K / L

M

CRÉDIT PHOTOGRAPHIQUE

Les photographies de cet ouvrage ont été réalisées par **Jérôme Plon,** à l'exception de celles des pages suivantes :

© **ImageBROKER/Hemis :** p. 1. © **René Mattes/Hemis :** p. 4, 12 (c), 35, 111 (b). © **Electa/ Leemage :** p. 5. © **Anne Frank Huis/Juul Hondius :** p. 7 (b). © **Nick_Nick/Shutterstock :** p. 7 (h). © **Amanda Hall/Robert Harding/Getty Images :** p. 8 (c). © **Petr Kovalenkov/ Shutterstock :** p. 8 (b). © **This is Holland :** p. 11 (c). © **Chris Hill/Getty Images :** p. 11 (h). © **EYE Film Institute Netherlands/René den Engelsman :** p. 12 (b). © **TasfotoNL/ Shutterstock :** p. 13 (b). © **Bibikow Walter/Hemis :** p. 14 (h). © **InnervisionArt/ Shutterstock :** p. 15 (h). © **Marjolaine Koch :** p. 15 (b), 17, 66 (b), 75, 116, 120, 151, 171. © **Jean-Baptiste Rabouan/Hemis :** p. 19. © **Jean-Pierre Lescourret/Getty Images :** p. 27. © **Photothèque Hachette :** p. 31. © **PlusONE/Shutterstock :** p. 34. © **Alamy/Hemis :** p. 42, 55, 71. © **Julia700702/Shutterstock :** p. 46. © **Mikhail Markovski/Shutterstock :** p. 49. © **Christian Mueller/Shutterstock :** p. 57. © **Anne Frankhuis/Cris Toala Olivares :** p. 61. © **Museimage/Getty Images :** p. 66 (h). © **www.hollandfoto.net/Shutterstock :** p. 67. © **Tupungato/Shutterstock :** p. 78. © **Anton Havelaar/Shutterstock :** p. 83. © **Pe3k/ Shutterstock :** p. 87. © **Micropia/Maarten van der Wal :** p. 93. © **Jean-Pierre Lescourret/ Hemis :** p. 95, 100. © **Ludovic Maisant/Hemis :** p. 102. © **Photobeginner/Shutterstock :** p. 105. © **Greenwoods :** p. 114. © **Bordewijk/Bob Bronshoff :** p. 118. © **Pluk :** p. 123. © **Bazar Amsterdam :** p. 129. © **De Silveren Spiegel :** p. 130. © **Frascati Theater/Bas de Brouwer :** p. 141. © **Sylvain Sonnet/Getty Images :** p. 144. © **Vesper/Ming Chao :** p. 154. © **Canvas/ Raymond van Mil :** p. 157. © **Laundry Industry :** p. 161. © **Lena Library/Bo van Veen :** p. 170. © **Tribal Design/Jan Willem Put :** p. 176. © **Imps&Elfs+Friends :** p. 183. © **Kramer Kunst/ Daniel Heikens :** p. 184. © **bluecrayola/Shutterstock :** p. 185.

© **Stedelijk Museum :** p. 83.
© **NEMO (National Center for Science and Technology), Amsterdam, The Netherlands, Renzo Piano Building Workshop, architects :** p. 11, p. 100.

ouverture
lat 1, visuel principal : © Fabrice Dimier/Hemis ; bas gauche (Keizersgracht) : © Hervé ughes/Hemis ; bas droit : © Pascal et Bruno Boigontier/Hemis.
lat 4, haut : © Jérôme Plon ; bas (NDSM) : © Jérôme Plon.

Dernière édition revue et enrichie par **Marjolaine Koch**.
Éditions antérieures revues et augmentées par **Céline Fion** et **Nedjma Van Egmond.**
Édition originale établie par **Katherine Vanderhaeghe**.

Direction : Nathalie Bloch-Pujo
Direction éditoriale : Cécile Petiau
Édition : Marine Barbier-Blin, Eulalie Chantreux, Camille Dupont, Émilie Lézénès, Géraldine Péron, Adam Stambul et Julie Wood
Suivi éditorial : Karine Barou
Ont également collaboré à cet ouvrage : Anaëlle Feret, Lisa Fichter et Pauline Janssens
Cartographie : Frédéric Clémençon et Aurélie Huot
Fabrication : Rémy Chauvière et Liza Sacco

Conception graphique de la couverture et de la maquette intérieure : Caroline Joubert • www.atelier-du-livre.fr
Mise en pages intérieure : Chrystel Arnould

Contact presse : rmazef@hachette-livre.fr - ☎ 01 43 92 36 66
Contact publicité : vhabert@hachette-livre.fr - ☎ 01 43 92 32 52

Aussi soigneusement qu'il ait été établi, ce guide n'est pas à l'abri des changements de dernière heure, d'erreurs ou omissions. Ne manquez pas de nous faire part de vos remarques. Informez-nous aussi de vos découvertes personnelles, nous accordons la plus grande importance au courrier de nos lecteurs :
Guides Un Grand Week-end - Hachette Tourisme - 58, rue Jean-Bleuzen, 92 170 Vanves
weekend@hachette-livre.fr
Facebook @GuidesUnGrandWeekend • **Instagram** @ungrandweekend • **Twitter** @ungrandweekenda

Édité par Hachette Livre (58, rue Jean-Bleuzen, CS 70007, 92 178 Vanves Cedex)
Imprimé par Polygraf (Capajevova 44, 08199 Presov, Slovaquie)
Achevé d'imprimer : décembre 2018
ISBN : 978-2-01-700866-8 - 19-7973-8
Dépôt légal : décembre 2018 - Collection n°44 - Édition : 01

Marjolaine Koch, journaliste, est une vraie citadine dans l'âme. Son credo ? Arpenter inlassablement les villes d'Europe pour comprendre leur histoire, découvrir leurs quartiers et prendre le pouls de la vie locale. À la recherche de pépites architecturales et culturelles, elle scrute les détails perchés sur les façades et les monuments, déniche les bons plans pour s'immerger dans l'ambiance... Et à Amsterdam, les opportunités ne manquent pas !

Jérôme Plon, photographe et réalisateur, vit à Paris. Il s'est chargé du dernier reportage photo du guide : dix jours à parcourir la ville et à visiter toutes les adresses sélectionnées par Marjolaine. Entre les *coffee shops*, les concept stores et les grands musées, rien n'a échappé à son œil exercé...

Un Grand Week-end sur les réseaux sociaux

Suivez-nous sur *Facebook*, *Twitter* et *Instagram* **@Ungrandweekend**

Vous y trouverez nos photos coups de cœur, nos expériences uniques et surtout une réponse personnalisée à toutes vos questions.

Et si vous y contribuiez ? Nous aimons beaucoup voir nos guides en voyage : postez une photo de votre guide en situation et taguez-nous, nous partagerons les plus belles et récompenserons régulièrement les plus appréciées.

2019 Les expos À NE PAS MANQUER

RIJKSMUSEUM

➥ All the Rembrandts

Le Rijksmuseum est le musée qui détient le plus de toiles de Rembrandt. Pour la première fois, l'intégralité de la collection va être exposée : 22 toiles, 60 dessins et 300 gravures. Une manière de découvrir les Pays-Bas et le quotidien de leurs habitants au XVIIe s., à travers l'œuvre d'un de leurs plus grands artistes.

15 février 2019 - 10 juin 2019

Infos pratiques p. 80.

➥ Rembrandt - Velázquez

Cette exposition est dédiée aux deux grands maîtres du XVIIe s., l'un néerlandais, l'autre espagnol : Rembrandt et Velázquez. À côté de leurs chefs-d'œuvre sont présentées des pièces maîtresses de grands artistes parmi leurs compatriotes : Vermeer, Hals, Murillo, Zurbarán et Ribera. Elles apportent un témoignage sur la vie à l'époque et sur la place tenue par la religion.

11 octobre 2019 - 19 janvier 2020

Infos pratiques p. 80.

MUSEUM HET SCHIP

➥ Gaudí et l'école d'Amsterdam

Pendant que Gaudí façonnait le visage de Barcelone avec son architecture mouvante et colorée, les architectes de l'école d'Amsterdam faisaient de même aux Pays-Bas. Les deux mouvements ont bouleversé les codes et surpris, en jouant avec les formes et les couleurs. Pour la première fois, cette exposition met en évidence les points communs entre la fantaisie de l'architecte espagnol et l'école d'Amsterdam (voir p. 36), à travers la présentation de leurs bâtiments emblématiques, mais aussi des pièces plus méconnues comme le mobilier que Gaudí dessina pour certains sites.

2 octobre 2018 - 1er avril 2019

Infos pratiques p. 67.

VAN GOGH MUSEUM

➥ Hockney - Van Gogh

Saviez-vous que Vincent Van Gogh fut une grande source d'inspiration pour David Hockney ? Le portraitiste et paysagiste britannique, figure majeure du Pop art des années 1960, est connu pour ses couleurs acidulées et son hyperréalisme. Cette exposition met en lumière les similitudes entre les œuvres des deux artistes.

1er mars 2019 - 26 mai 2019

Infos pratiques p. 81.

Van Gogh, *Les Tournesols*

➥ Van Gogh et les tournesols

Quelle est l'histoire derrière les fameuses toiles aux tournesols ? Il existe cinq versions de ce tableau, devenu emblématique du peintre. Pourquoi avoir choisi ces fleurs, comment leur couleur éclatante a-t-elle pu traverser les années, qu'est-il arrivé à ces peintures une fois peintes par l'artiste ? Une enquête fouillée, révélatrice des états d'âme de Van Gogh et de son histoire.

21 juin 2019 - 1er septembre 2019

Infos pratiques p. 81.

Les incontournables
D'AMSTERDAM

LES GRANDS CANAUX

Les grands canaux (Prinsengracht, Keizersgracht, Herengracht et Singel) concentrent les plus belles façades de la ville et sont classés au Patrimoine mondial de l'humanité par l'Unesco. Cet ensemble, emblématique de l'opulence d'Amsterdam au Siècle d'or, est particulièrement remarquable dans la portion que forme la **Courbe d'or (Gouden Bocht)**. Voir p. 38.

LE MARCHÉ AUX FLEURS

Bloemenmarkt

Cet immense marché a la particularité d'être flottant. Il est composé de péniches installées sur le Singel qui commercialisent fleurs fraîches, bulbes et plantes en pot. Les amateurs y feront des trouvailles, entre deux boutiques de souvenirs. Voir p. 40.

LE QUARTIER ROUGE

De Wallen

Néons des vitrines et *coffee shops* du Quartier rouge font partie de l'identité de la ville. Aujourd'hui, ce quartier tend à évoluer et compte aussi de jolies boutiques de créateurs. Voir p. 48.

VAN GOGH MUSEUM

Si le peintre ne vécut que peu de temps à Amsterdam, c'est pourtant ce musée qui détient la plus vaste collection d'œuvres de l'artiste. Aux côtés des *Tournesols* et autres pièces maîtresses se trouvent des lettres et des dessins dévoilant la personnalité de Van Gogh. Voir p. 81.

LA MAISON D'ANNE FRANK

Anne Frank Huis

C'est recluse dans l'annexe de cette maison que la jeune fille rédigea son poignant journal, avant d'être déportée à Bergen-Belsen. Aujourd'hui, le bâtiment a été transformé en un musée didactique et émouvant consacré à l'histoire personnelle d'Anne Frank, à la vie sous l'Occupation et aux persécutions qui ont cours de par le monde. Voir p. 61.

RIJKSMUSEUM

L'emblématique musée propose une plongée dans l'art et l'histoire des Pays-Bas depuis le Moyen Âge. Il est riche d'une large collection d'œuvres des grands noms du Siècle d'or, comme Vermeer ou Rembrandt. Voir p. 80.

LE BÉGUINAGE

Begijnhof

Ce jardin à l'abri des regards abrite des maisons des XVIIe et XVIIIe s. ainsi qu'une église médiévale. Un petit coin de verdure calme et reposant, qui donne également accès à l'**Amsterdam Museum** par un portail au fond du jardin. Voir p. 27.

JORDAAN

À l'écart du brouhaha, le Jordaan est le quartier où aiment se retrouver les Amstellodamois à la sortie du bureau. De jolies ruelles agrémentées de boutiques et de terrasses où il fait bon prendre un verre. Voir p. 60.

LE MUSÉE MARITIME

Het Scheepvaartmuseum

Une des plus importantes collections au monde consacrées à la marine, servie par une muséographie remarquable. Cartographie, instruments de navigation, vie d'un port : tous les aspects sont abordés et il est même possible de visiter une réplique d'un galion de la Compagnie des Indes orientales. Voir p. 98.

LA MAISON DE REMBRANDT

Rembrandthuis

L'ancienne demeure de Rembrandt, qu'il dut quitter de son vivant car il croulait sous les dettes, a été réaménagée dans l'esprit du XVIIe s. Elle expose une intéressante série d'eaux fortes ainsi que diverses œuvres et des objets ayant appartenu à l'artiste. Voir p. 55.

STEDELIJK MUSEUM

Le bâtiment qui l'abrite, surnommé « la baignoire », vaut à lui seul le coup d'œil. En son sein, on peut admirer une riche collection d'art moderne et contemporain, faisant la part belle aux œuvres du Bauhaus et de l'école d'Amsterdam.
Voir p. 83.

10 expériences UNIQUES

DORMIR EN HAUT D'UNE GRUE...

... dans un ancien chantier naval. Empruntez l'ascenseur et passez la nuit perché à 35, 40 ou 45 m de hauteur, dans l'un des trois conteneurs aménagés en suites de l'hôtel Faralda (*NDSM-Plein, 78 • Carte p. 106 • ☎ 760 61 61 • www.faralda.com*). Au sommet, un Jacuzzi domine les environs... Le top, c'est le cas de le dire !

ALLER À LA PLAGE...

... sur le toit du NEMO. L'été, le toit de la Cité des Sciences dessinée par Renzo Piano (p. 100) est totalement réaménagé : jeux, transats, glaces... Une plage urbaine avec vue imprenable sur la ville. Pas besoin d'acheter un ticket pour y accéder.

SURVOLER LES PAYS-BAS

This is Holland (p. 107), la nouvelle attraction implantée dans les quartiers nord, vous fait survoler les Pays-Bas comme si vous étiez à bord d'un drone ! Vent dans les cheveux, embruns, parfum des fleurs et haute-voltige... Sensations garanties !

DÉCOUVRIR VAN GOGH EN MUSIQUE

Chaque vendredi soir jusqu'à 22h, le Van Gogh Museum (p. 81) propose des nocturnes rythmées par des DJ. *Tournesols* et sets électros : un mélange étonnant mais réjouissant !

SE BALANCER AU-DESSUS DU VIDE

Au sommet de la récente A'DAM Toren, installée dans le bouillonnant quartier d'Amsterdam Noord, prenez place sur l'une des balançoires qui semblent s'envoler vers un panorama d'exception (p. 108).

S'OFFRIR UN APÉRO EN BATEAU...

... tout en écoutant des anecdotes croustillantes sur l'histoire d'Amsterdam. En 1h30, faites le tour de la ville et de son histoire un verre à la main, dans un bateau électrique, avec un guide français (p. 195).

EXPLORER LE MOUVEMENT À L'EYE

L'institut dédié au cinéma (p. 107) expose une série d'objets nous éclairant sur l'histoire de ces « images qui bougent ». Il propose aux visiteurs de réaliser leur propre flipbook, ou folioscope, un livre qui s'anime quand il est feuilleté rapidement.

PRENDRE UN VERRE DANS UN MOULIN

Profitez de l'originalité d'un moulin à vent en pleine ville pour apprécier la saveur de bières fraîchement brassées par Brouwerij 't IJ (p. 155). Une salle de dégustation, prolongée d'une vaste terrasse, y a été installée.

DEVENIR UN CHEF-D'ŒUVRE

Le temps d'une photo, grâce à un déguisement, reconstituez les tableaux de grands maîtres hollandais comme *La Jeune Fille à la perle* de Vermeer ou *L'Autoportrait aux deux cercles* de Rembrandt *(Eggertstraat, 2 • Plan G7 • ☎ 062 951 72 95 • www.museumfoto.amsterdam • À partir de 13,50 €).*

DÎNER DANS UNE ANCIENNE TÉLÉ PIRATE...

... cachée dans des conteneurs sur pilotis ! Entre Westerpark et la gare centrale, REM Eiland (p. 132) est désormais un restaurant branché où il fait bon déjeuner ou dîner en admirant la vue sur la ville, perché au-dessus de l'eau dans ces conteneurs réaménagés.

Activités
100 % AMSTELLODAMOISES

PARCOURIR LES ÎLES ORIENTALES À VÉLO

Parcourir Amsterdam à vélo, c'est bien ; accompagné d'un guide francophone, c'est encore mieux ! L'association **Amsterdam Vélo** propose quatre circuits, dont un au cœur de l'architecture moderne des îles KNSM et Java. Une façon tout à fait locale de découvrir la ville *(Amsterdam Vélo • Spuistraat, 11 • ☎ 06 41 176 032 • www.amsterdam-velo.com • Tarifs : de 25 à 30 €/pers.).*

FABRIQUER SON PROPRE VIN EN ÉQUIPE

Et si vous élaboriez votre propre cru ? C'est ce que propose **Wester Wijnfabriek**, un repaire d'amateurs de vins situé dans Westerpark. Deux équipes de quatre s'affrontent en tentant de réaliser le meilleur mélange. À la fin, un test final permet de départager les vainqueurs... qui repartent avec leur bouteille (**p. 147**) !

PÉDALER SUR LES CANAUX

Pour découvrir en toute liberté le labyrinthe aquatique qui fait le charme de la ville, optez pour un **bateau à pédales** *(pedal boat)*. Une brochure avec un plan des canaux et des **conseils d'itinéraires** vous sera remise gratuitement aux différents embarcadères (**p. 192**).

PATINER DANS UN CADRE UNIQUE

Le patinage a toujours eu une place particulière dans le cœur des Amstellodamois. En hiver, de novembre à février, la patinoire **ICE Amsterdam** est installée sur la pelouse entre le Van Gogh Museum et le Rijksmuseum. Une autre patinoire se trouve sur **Leidseplein**.

PARTIR POUR UNE VIRÉE EN KAYAK

Rendez-vous est donné avec un guide de **Wetlands Safari** à la Centraal Station où, en 10 min de train, vous rejoindrez la **campagne hollandaise** pour une virée en kayak : jolis canaux entre les maisons, petits ponts et moulins à eau disséminés dans les champs... Possibilité de faire une sortie au coucher du soleil, pique-nique inclus *(Wetlands Safari • ☎ 06 53 552 669 • www.wetlandssafari.nl • Tarif : 64 € en journée, 54 € en soirée • Réduc. de 8 € avec le code WETLANDS2019).*

SE LA COULER DOUCE

Envie de vous détendre dans un bel endroit ? Filez à **Sauna Deco** : du salon aux salles de vapeur, vous serez dans un décor 1920. Les magnifiques vitraux, boiseries, appliques murales et escaliers proviennent du Bon Marché à Paris, lorsque ce grand magasin a entrepris des travaux de rénovation !

Sauna Déco : Herengracht, 115 • ☎ 623 82 15 • www.saunadeco.nl • Lun. et mer.-sam. 12h-23h, mar. 15h-23h, dim. 13h-19h ; f. 1er avr. • Entrée : 19-23,50 €.

Un grand week-end SUR MESURE

Première fois à Amsterdam ?

Nous avons découpé la ville en 17 quartiers. Évidemment, en trois jours, vous ne pourrez pas faire toutes ces balades. Alors suivez notre programme pour voir l'essentiel et prendre le pouls de la ville, et à vous de voir si vous voulez remplacer telle visite par une autre en fonction de vos centres d'intérêt…

PREMIER JOUR

➡ Imprégnez-vous de l'ambiance de la ville en flânant au bord des grands canaux, notamment là où ils forment la Courbe d'or (Gouden Bocht). Ce quartier abrite les plus belles maisons patriciennes de la Grande Époque.

➡ Puis remontez vers le centre historique en passant par le Dam et son Palais royal pour rejoindre le Béguinage, ce lieu caché, qui reste hors du temps.

Déjeuner chez Gartine

➡ Pour déjeuner, découvrez l'art des tartines dans lequel excellent les Hollandais, en vous offrant une pause chez Gartine.

➡ Ne loupez pas, ensuite, le créneau horaire de la réservation (obligatoire) pour votre visite de la maison d'Anne Frank.

➡ Terminez cette journée par une séance shopping dans Negen Straatjes. Et, lorsque la pénombre s'installe, découvrez l'ambiance du Quartier rouge.

DEUXIÈME JOUR

➡ Débutez votre journée par l'un des trois grands musées : le Van Gogh Museum, le Rijksmuseum (musée national) ou bien le Stedelijk Museum (art moderne et contemporain).

➡ Après un déjeuner *healthy* chez Blushing, allez vous poser sur les pelouses du Vondelpark.

➡ Remontez vers Leidseplein et empruntez les jolies rues des

Street Art Museum

brocanteurs (Spiegelkwartier). Elles vous mèneront jusqu'au marché aux fleurs pour faire le plein de bulbes de tulipes.

➡ Rejoignez le Jordaan pour profiter de son ambiance authentique. Goûtez à la gastronomie néerlandaise chez Bordewijk, avant de prendre un dernier verre au T' Smalle, sur sa terrasse flottante.

TROISIÈME JOUR

➡ Partez à l'aventure dans les quartiers périphériques ! Louez un vélo pour la journée et rejoignez le Musée maritime pour comprendre les liens forts qu'entretient ce pays avec la mer.

➡ Puis prenez le large en embarquant sur l'un des bacs gratuits, derrière la gare centrale, pour les quartiers nord. Ici, vous pourrez faire le plein de sensations grâce à This is Holland, une attraction permettant un survol des Pays-Bas en conditions réelles.

➡ Réenfourchez votre vélo et rejoignez les friches de NDSM où la créativité foisonne ! En point d'orgue, les immenses fresques à ciel ouvert et le nouveau Street Art Museum.

➡ Reprenez le bac vers la gare centrale et dînez à REM Eiland, cette ancienne télé pirate cachée dans des conteneurs sur pilotis. Une vue à couper le souffle !

NOS CONSEILS DE VISITE

➡ De nombreux musées exigent une réservation à l'avance pour réguler le flux de visiteurs. Pour éviter les mauvaises surprises, voir p. 25.

Déjà venu ?

Vous connaissez déjà les incontournables d'Amsterdam ? Alors sortez des sentiers battus. De nouveaux quartiers émergent, et d'autres renforcent leur offre à destination des plus jeunes. De quoi nourrir leur curiosité, et la vôtre !

Westerpark

WESTERPARK (QUARTIER 8)

Avant de rejoindre cet immense parc, visitez **Brouwersgracht**, le joli canal des brasseurs. Ensuite, traversez l'écoquartier **GWL-Terrein**, qui a « poussé » sur l'ancienne usine de traitement des eaux de la ville, puis rejoignez l'entrée de **Westerpark**. La balade vous mènera vers les anciens bâtiments de l'usine à gaz de la ville où se sont installés centres culturels et restaurants pourvus de grandes terrasses. C'est désormais le spot tendance pour des sorties bucoliques ou des soirées originales en plein air. Plus loin, après avoir profité du petit canal (baignade autorisée les jours de grande chaleur), découvrez les reconstitutions d'anciens logements au **musée d'Architecture** (Museum Het Schip).

LES ÎLES ORIENTALES (QUARTIER 16)

Les entrepôts et les bâtiments industriels ont désormais laissé place à un joli quartier à l'architecture foisonnante. Parcourez les îles **Java**, **KNSM** et **Bornéo** pour découvrir les façades originales des maisons bâties le long des petits canaux. Traversez le **Pythonbrug** et poussez la visite jusqu'au **BrouwerIJ't IJ**, le moulin à vent dans lequel s'est installée la brasserie IJ. En arrivant à 15h30, vous pouvez même rejoindre la visite guidée en anglais (donnée du vendredi au dimanche) !

AVEC LES ENFANTS (QUARTIERS 14, 16 ET 17)

Les familles se feront un plaisir de découvrir le **Plantage**, ce quartier vert à l'est de la ville qui compte des musées pour les enfants et ados. Au choix, un **zoo**, l'**Hortus Botanicus** ou **Micropia** pour les amateurs de sciences naturelles. Vous pouvez privilégier l'histoire-géo en choisissant soit le **musée des Tropiques** (Tropenmuseum), pour parcourir la planète et ses différentes cultures, soit le **musée de la Résistance** (Verzets Resistance Museum), dont un espace a été pensé pour les enfants (à partir de 8 ans). La **Cité des Sciences (NEMO)** n'est pas très loin, sans oublier le **Musée maritime** (Het Scheepvaartmuseum) pour les amateurs de grand large ! À l'ouest, **Westerpark** est parfait pour un pique-nique en famille, près des petits canaux où les enfants se baignent en été. Enfin, ne manquez pas la dernière attraction de la capitale dans Amsterdam Noord : **This is Holland** offre un survol époustouflant du pays !

Île de Bornéo

Fêtes & FESTIVALS 2019

Janvier

National Tulpendag
Des jardins de tulipes éphémères sont plantés dans le quartier du Dam. Le samedi 19 janvier 2019, chacun peut venir faire sa cueillette et repartir avec sa brassée de tulipes !
www.nationaletulpendag.nl/en

Février

Nouvel An chinois
Dragons et lions envahissent les rues, les pétards fusent dans Chinatown (Zeedijk et Nieuwmarkt).

Mars

DGTL Festival
Le dernier w.-e. de mars, le chantier naval NDSM s'anime pour trois nuits de musique électronique underground.
www.dgtl.nl

Avril

Koningsdag
Le jour du Roi est la fête nationale des Pays-Bas. Le 27 avril, toutes les villes hollandaises se parent de orange, car c'est la couleur de la famille royale. Cette fête gigantesque et bon enfant commence la veille, soit le 26 avril au soir.
www.koningsdag27april.info

Mai

Rollende Keukens
Profitant de l'un des ponts de mai, une centaine de food trucks prennent chaque année possession de Westerpark durant cinq jours pour un festival de gastronomie « roulante ».
www.rollendekeukens.amsterdam

Juin

Holland Festival
Pendant tout le mois, pièces de théâtre, danse, concerts et projections de films sont programmés dans différents lieux de la ville.
www.hollandfestival.nl

Open Garden Days
L'occasion de visiter pendant trois jours les jardins et les intérieurs des plus belles maisons patriciennes, le 3e w.-e. du mois.
www.opentuinendagen.nl

Amsterdam Roots Festival
Ce festival célèbre les musiques et les cultures du monde entier pendant une semaine, de fin juin à début juillet.
www.amsterdamroots.nl

Vondelpark Open Air Theatre
Du 1er w.-e. de juin jusqu'à fin août ou début septembre, nombreux spectacles et concerts gratuits (de la pop au classique) dans le théâtre de verdure du parc.
www.openluchttheater.nl

Juillet

Julidans
La 1re quinzaine, le Festival international de danse contemporaine investit différentes salles de spectacle autour de Leidseplein.
www.julidans.nl

Concerts d'été Robeco
Le Concertgebouw propose des concerts classiques, jazz ou pop.
www.concertgebouw.nl/robecosummernights

Over het IJ Festival
Courant juillet et pendant dix jours, rendez-vous en ferry au débarcadère NDSM sur la rive nord de l'IJ pour découvrir l'actualité théâtrale.
www.overhetij.nl

Concerts dans les *hofjes*

Tous les dimanches de juillet et août à 15h a lieu un concert de jazz ou de musique classique dans l'un des *hofjes* du Jordaan.

www.jordaanweb.nl

Août

Pride Amsterdam

Le samedi 3 août 2019, une grande parade nautique défile sur le Prinsengracht : les festivités commencent le jeudi soir près de la Westerkerk et de la Reguliersdwarsstraat.

www.pride.amsterdam

De Parade

La 2e quinzaine d'août, de jeunes comédiens, danseurs et musiciens animent le Martin Luther Kingpark tous les jours à partir de 15h.

www.deparade.nl

Grachtenfestival

Durant la 3e semaine, concerts classiques dans des lieux prestigieux en bordure des canaux du Grachtengordel.

www.grachtenfestival.nl

Uitmarkt

Le dernier w.-e., le début de la saison culturelle est inauguré par des spectacles et des concerts gratuits en tout genre.

www.uitmarkt.nl

Septembre

Jordaan Festival

Fin août et début septembre, pendant plusieurs jours, une fête populaire avec chansons, accordéon et attractions dans les rues et les cafés bruns du Jordaan.

www.jordaanfestival.nl

Journée du Patrimoine

Le 2e w.-e. de septembre, les monuments de la ville ouvrent leurs portes aux visiteurs. L'occasion de découvrir des lieux habituellement fermés au public.

Octobre

Amsterdam Dance Event

Autour du 20 octobre, ce rendez-vous de la dance et de la musique électronique rassemble 600 artistes et DJ du monde entier durant quatre folles nuits.

www.amsterdam-dance-event.nl

Novembre

Amsterdam light festival

De novembre à janvier, pour contrebalancer le mauvais temps, Amsterdam transforme le centre historique en un musée en plein air grâce à des installations lumineuses d'artistes venus du monde entier.

wamsterdamlightfestival.com

Nuit des musées

Le premier samedi du mois, les musées laissent leurs portes ouvertes à la nuit tombée pour des visites nocturnes, souvent accompagnées de performances.

www.museumnacht.amsterdam

Décembre

Fête de saint Nicolas

Sinterklaas a existé. Né en 271 et mort en 342 ou 343, il fut évêque de Myra (Turquie) et il est connu pour ses miracles. Saint patron des marins, des marchands et des enfants, c'est le protecteur du port d'Amsterdam. Même s'ils fêtent Noël, les enfants reçoivent, le 5 au soir, des cadeaux lors de la veillée en son honneur.

Visites

PAR QUARTIER